# O HOMEM QUE FOI TRÊS VEZES PAPA

Dados Internacionais de Catalogação na Publicação (CIP)
(Câmara Brasileira do Livro, SP, Brasil)

Rust, Leandro Duarte
  O homem que foi três vezes papa : corrupção e poder na Idade Média / Leandro Duarte Rust. – Petrópolis, RJ : Vozes, 2023.

Bibliografia.
ISBN 978-65-5713-745-1

1. História eclesiástica – Idade Média 2. Igreja Católica – Corrupção 3. Igreja Católica – Governo – História 4. Igreja Católica – História 5. Papado – História I. Título.

22-132522                                    CDD-228.09

Índices para catálogo sistemático:
1. Corrupção : Idade Média : Igreja Católica : História 228.09

Cibele Maria Dias – Bibliotecária – CRB-8/9427

LEANDRO DUARTE RUST

# O HOMEM QUE FOI TRÊS VEZES PAPA

CORRUPÇÃO E PODER NA IDADE MÉDIA

EDITORA VOZES

Petrópolis

© 2023, Editora Vozes Ltda.
Rua Frei Luís, 100
25689-900 Petrópolis, RJ
www.vozes.com.br
Brasil

Todos os direitos reservados. Nenhuma parte desta obra poderá ser reproduzida ou transmitida por qualquer forma e/ou quaisquer meios (eletrônico ou mecânico, incluindo fotocópia e gravação) ou arquivada em qualquer sistema ou banco de dados sem permissão escrita da editora.

## CONSELHO EDITORIAL

**Diretor**
Gilberto Gonçalves Garcia

**Editores**
Aline dos Santos Carneiro
Edrian Josué Pasini
Marilac Loraine Oleniki
Welder Lancieri Marchini

**Conselheiros**
Elói Dionísio Piva
Francisco Morás
Ludovico Garmus
Teobaldo Heidemann
Volney J. Berkenbrock

**Secretário executivo**
Leonardo A.R.T. dos Santos

*Editoração*: Maria da Conceição B. de Sousa
*Diagramação*: Raquel Nascimento
*Revisão gráfica*: Alessandra Karl
*Capa*: WM design

ISBN 978-65-5713-745-1

Este livro foi composto e impresso pela Editora Vozes Ltda.

*Só há uma maneira de dominar o passado, reino das coisas fenecidas: abrir nossas veias e injetar o sangue delas nas veias vazias dos mortos.*

José Ortega y Gasset, 1914.

# SUMÁRIO

*Agradecimentos e dedicatória*, 9

*Introdução* – Uma história feita a partir do presente: reabrindo um antigo caso medieval, 11

1 O povo contra o papa: o sentido político da revolta popular, 27

2 A venda do papado: o dinheiro, o sagrado e a pactuação pelo poder, 67

3 Fabricando uma deposição: a anticorrupção e as lutas políticas pelo direito, 107

4 O corrupto prometido: manipulando a opinião pública, 147

*Um arremate* – A corrupção: história sobre disfarces, 187

*Referências*, 197

# AGRADECIMENTOS E DEDICATÓRIA

Este livro foi escrito entre março e agosto de 2022. As ideias aqui reunidas foram trabalhadas em sala de aula durante um curso de graduação: *Corrupção e revolução na Idade Média: oficinas historiográficas.* Devo, em primeiro lugar, agradecer aos alunos e às alunas que participaram do curso e em cujo convívio encontrei tardes intelectualmente estimulantes, que enriqueceram, imensamente, minha visão sobre a história de Bento IX. Agradeço também aos pesquisadores e às pesquisadoras que, à mesma época, integraram o Grupo de Pesquisa *De Corruptione: história da corrupção na Idade Média* e debateram comigo alguns capítulos do manuscrito, bem como numerosas referências bibliográficas fundamentais às minhas reflexões. A Maria Filomena Coelho e Alécio Nunes Fernandes, leitores do manuscrito, que, generosamente, partilharam suas impressões e críticas – mas, é preciso dizer, não têm qualquer responsabilidade pelos erros que cometi. A Aline Santos Carneiro, editora de humanidades da Vozes, que acolheu esta proposta de publicação com generosidade e profissionalismo.

Por fim, alguns agradecimentos de ordem afetiva. Este livro foi escrito em um dos momentos mais difíceis da minha vida. Cada página é uma experiência de resiliência e a consequência da solidariedade e do apoio que me dedicaram alguns amigos providenciais: a Jonas Wilson Pegoraro e a Henrique Modanez de Sant'Anna, a gratidão que não cabe nestas linhas. A Daniel Gomes de Carvalho e André Pereira Leme Lopes, pelas constantes doses de leveza e de alegrias, pelos pequenos alentos que tanto me ajudaram a persistir. Por fim, a minha esposa, Alice Rust, por todo amor e pela fortaleza que me mantiveram no curso da vida.

Dedico este livro a meu irmão, Lenon Rust.

# INTRODUÇÃO

## Uma história feita a partir do presente: reabrindo um antigo caso medieval

### 1

No alvorecer do século XXI, a sociedade brasileira tornou-se terreno fértil para o estudo da corrupção. Não quero, com a frase, sugerir que o tema "está na moda" ou que se trata de um fenômeno novo em folha. Mas, embora fosse motivo recorrente em nossa história republicana, a percepção da corrupção ganhou tração cotidiana nas décadas que inauguram o novo século. Em larga medida, assim tem sido em razão do constante alarde provocado pelos meios de comunicação de massa e amplificado pelas redes sociais. Isso, porém, não é tudo. Muitas razões nos têm feito levar a corrupção a sério. Desde o estouro do escândalo conhecido como "Mensalão", tal assunto tem regido as eleições nacionais. Muito foi dito sobre a magnitude, o grau de institucionalização e o montante dos recursos implicados, mas um dos aspectos mais relevantes do "Mensalão" consistiu no *timing* de sua explosão nos noticiários: a virada para 2006, ano de eleição presidencial. Desde então, a corrupção se tornou um assunto dominante na agenda eleitoral brasileira, característica que se repetiu em 2010, 2014 e, sobretudo, 2018. Com efeito, nas últimas duas décadas, levar a corrupção a sério deixou de ser um hábito intelectualmente sisudo, uma bizantinice moralizante e se tornou preocupação comum ao exercício da cidadania, tangível no dia a dia. O tema galvanizou a opinião popular – como ficou evidente, ainda, com as chamadas "jornadas de junho de 2013". De protestos populares impulsionados pela ideia de "acesso à cidade" e participação política direta, as "jornadas" rapidamente foram convertidas em espectro de mobilizações anticorrupção. Sendo "anticorrupção" considerada sinônimo de antissistema. Assim, o ano de 2013 impulsionou a tendência para reconhecer na corrupção algo sistêmico, que ultrapassava a malversação pessoal dos recursos públicos e os abusos processuais cometidos por indivíduos. O próprio Estado brasileiro ressoou a lógica de que era preciso ultrapassar a personificação das relações de poder, ir além de comportamentos individuais. O fez, por exemplo, com a emblemática Lei 12.846. Promulgada no dia 1º de agosto, que estipulava a responsabilização judicial de pessoas jurídicas por atos contra a administração pública, nacional e estrangeira. Desde 2013, parece claro que a corrupção é mensurável não apenas por meio de atos e omissões, mas também no funcionamento de corporações, associações e sociedades empresariais[1].

---

1. A ideia de que "a corrupção está na moda" consta em: ROMEIRO, A. *Corrupção e poder no Brasil: uma história, séculos XVI a XVIII.* Belo

Nossa vida política tem ido ao encontro da tendência epistemológica que tomou forma nos anos de 1990, quando ocorreu um *boom* de estudos sobre corrupção. Desde então, tornou-se comum sociólogos, cientistas políticos, antropólogos, economistas e historiadores denunciarem os modelos intelectuais herdados das gerações anteriores como pequenas coletâneas de falácias. A certeza de que a corrupção consistia, ao fim e ao cabo, em condutas desviantes, falhas individuais no cumprimento da norma estatal, desbotou; já não bastava para explicar os escândalos políticos que se alastravam pelas democracias ocidentais, no assim chamado "Primeiro Mundo" da cultura cívica. Também perdeu viço a premissa de que a corrupção está

---

Horizonte: Autêntica, 2017, p. 11. A argumentação a respeito da predominância da corrupção na agenda eleitoral nacional a partir do "Mensalão" apoiou-se na leitura de: AZEVEDO, F. Corrupção, mídia e escândalos midiáticos no Brasil. *Em Debate*, v. 2, n. 3, 2010, p. 14-19. • FREITAS, F.C. "Revisitando" algumas teses do passado: a eleição de 2006 e a disputa antagônica entre PT e PSDB. *Revista Brasileira de Ciência Política*, v. 32, n. 2, 2020, p. 43-92. Não se trata, claro, de considerar a eleição de 2006 uma espécie de momento diluviano; afinal, em diversos outros aspectos, sua relevância não sobressai no conjunto de nossa recente história republicana. Ao dizê-lo, tenho em mente, p. ex., os argumentos presentes em CARAZZA, B. *Dinheiro, eleições e poder: as engrenagens do sistema político brasileiro*. São Paulo: Cia das Letras, 2018. Para a cronologia do Mensalão cf. https://acervo.estadao.com.br/noticias/acervo,cronologia-do-mensalao,9271,0.htm – Acesso em 22/07/2022. A respeito da caracterização, pontual, das "jornadas de junho de 2013", fui influenciado por: OLIVEIRA, R.P. O significado do conceito "corrupção" na semântica política da crise brasileira (2013-2016). *Anos 90*, v. 25, n. 48, 2018, p. 379-408. • MELO, C.T.V.; VAZ, P.R.G. E a corrupção coube em 20 centavos. *Galáxia*, v. 39, 2018, p. 23-38. A Lei 12.846/13 pode ser acessada em: http://www. planalto.gov.br/ccivil_03/_ato2011-2014/2013/lei/l12 846.htm – Acesso em 22/07/2022.

sempre enraizada em uma contradição entre o público e o privado, que cresce feito espécie invasora: proliferando e colonizando os ambientes do bem comum como espécie predadora, a exemplo do patrimonialismo, do nepotismo e do clientelismo. Dispor as coisas assim deixa de ser suficiente, argumentavam os autores, quando nos vemos diante de sociedades em que o direito público fomenta a corrupção, ao invés de combatê-la. As causas, a percepção, a extensão, os desdobramentos, a prevenção: desde a década de 1990, todos os quadrantes do estudo da corrupção têm sido revisados. Nossa história recente tem confluído para o alargamento do horizonte intelectual, abrindo para o entendimento da corrupção como realidade social. Se é verdade, por um lado, que "não há, no âmbito do pensamento social e político brasileiro, uma teoria da corrupção", como argumentou o cientista político Fernando Filgueiras, por outro, não é menos palpável que dispomos de um acervo vertiginoso de pesquisas. Acervo que cresce ano a ano, abarcando da administração à psicologia coletiva, da saúde pública à arquitetura. O presente tem dilatado, continuamente, nossa capacidade para conceituar e compreender a corrupção, seja como fenômeno atual ou já transcorrido. Por vivenciar tal alargamento teórico decidi revisitar um antigo tema de história medieval: os relatos de corrupção envolvendo os sucessivos retornos de Bento IX ao papado[2].

---

2. Neste parágrafo retomo argumentos explorados em: RUST, L.D. A "corrupção" na escrita da História Medieval: os desafios de um

## 2

Bento nascera Teofilato de Túsculum, filho de Alberico III, "cônsul e duque dos romanos", e sobrinho dos pontífices Bento VIII (1012-1024) e João XIX (1024-1032). É tudo o que sabemos a seu respeito antes de sua eleição para o papado no final de 1032. O ano de nascimento, que traços sobressaíam em sua personalidade, que educação recebeu, em quem se espelhava durante a adolescência: pontos-cegos da história. Chegou ao trono petrino jovem, provavelmente quando sequer havia completado trinta verões. Pontificou por doze anos, um governo longo e estável. Assinou documentos sacrossantos, ordenou sacerdotes, selou o destino de relíquias, presidiu concílios, excomungou os transgressores da fé até que, em setembro de 1044, um levante romano o expulsou da cidade e da Santa Sé. Era o início de um dos períodos mais desafiadores de toda a história medieval. Bento retornou, mas renunciou em seguida. E não foi o fim. Anos depois, em

---

efeito de sustentação discursiva. *História da Historiografia*, v. 15, n. 38, 2022, p. 201-230. Também mobilizei, pontualmente, a leitura de: MAIRAL, H. *As raízes legais da corrupção, ou como o* Direito Público fomenta a corrupção em vez de combatê-la. São Paulo: Contracorrente, 2018. A citação realizada é oriunda de FILGUEIRAS, F. A tolerância à corrupção no Brasil: uma antinomia entre normas morais e prática social. *Opinião Pública*, v. 15, n. 2, 2009, p. 386-421; no caso, retirada da p. 388. Para um panorama dos estudos recentes sobre o tema, cf. MARANI, S.C.Z. et al. Os sentidos da pesquisa sobre corrupção. *Revista de Administração Pública*, v. 52, n. 4, 2018, p. 712-730. • MACEDO, S.V.; VALADARES, J.L. A produção acadêmica brasileira sobre corrupção: uma revisão sistemática. *Revista Eletrônica de Administração*, v. 27, n. 2, 2021, p. 400-429.

novembro de 1048, recuperou o controle eclesiástico, tornando-se o único a ter assumido o papado três vezes em vinte séculos de cristianismo. Uma história tão fascinante quanto difícil de decifrar. Em grande medida, o que os documentos contêm são acusações contra a figura papal. Isso explica por que o nome "corrupção" tem arrebatado a escrita da história há décadas, figurando como tudo de que dispõem os historiadores e as historiadoras para descrever as relações de poder. Em outras palavras, esse nome não é um mero rótulo para informações factuais, para certos feitos, mas uma maneira completa de falar da história, de caracterizar a intensidade dos acontecimentos, quaisquer que sejam eles, como se lê em *Benedetto IX, pontefice romano, 1032-1048: studio critico* ou em *Il Papa Fanciullo. Benedetto 9: 1032-1048 – La verita storica su un fatto straordinario*. "A carreira bizarra de Bento [escreveu um estudioso em meados do século passado] funcionou paradoxalmente para o benefício do papado: a corrupção extrema acarretou uma reação extrema." A reação em questão seria nada menos do que a chamada "Reforma Gregoriana". "As irregularidades de Bento IX tiveram o efeito de despertar tanto a consciência pública [...] que [abriram] caminho à reforma de Gregório VII" – dizia-se em 1925. Argumento mantido em estudos publicados recentemente: a corrupção papal partiu o tempo e, da fratura, surgiu uma nova era[3].

---

3. Quanto às obras italianas mencionadas: MESSINA, S. *Benedetto IX, pontefice romano, 1032-1048: studio critico*. Catania: La Stampa,

Descrito assim, o passado medieval adquire semelhança inquietante com a recente história brasileira.
Como tem ocorrido conosco nas últimas décadas, aqui,

---

1922. • Ghirardini, L.L. *Il Papa Fanciullo, Benedetto 9: 1032-1048 – La verita storica su un fatto straordinario*. Parma: Maccari, 1980. A citação sobre "meados do século passado" foi extraída de CHAMBERLIN, E.R. *The Bad Popes*. Nova York: Barnes & Nobles, 1993, p. 74. Já aquela que reporta ao ano de 1925 está em MANN, H.K. *The Lives of the Popes in the Early Middle Ages: the popes in the days of feudal anarchy*. Vol. 5. Londres: Kegan Paul/Trench/Trubner, 1925, p. 239. Alguns exemplos de estudos recentes em que a corrupção dos anos de 1040 figura como eixo da própria história: CUSHING, K. *Reform and the Papacy in the Eleventh Century: spirituality and social change*. Manchester: Manchester University Press, 2005, p. 62-81. • D'ACUNTO, N. *La Lotta per le Investiture: una rivoluzione medievale (998-1122)*. Roma: Carocci, 2020, p. 2-45. Para o sentido revolucionário dos anos de 1050 a 1080, cf.: MARTINE, T.; WINANDY, J. (ed.). *La réforme grégorienne, une "révolution totale"?* Paris: Garnier, 2021. • MAZEL, F. Pour une redéfinition de la reforme "grégorienne". In: FOURNIER, M. et al. (dir.). *La Réforme "grégorienne" dans le Midi (milieu XIᵉ-début XIIIᵉ siècle)*. Toulouse: Privat, 2013, p. 9-38. • MAZEL, F. La réforme grégorienne – Un tournant fondateur (milieu XIᵉ-début XIIIᵉ siècle). In: MAZEL, F. (dir.). *Nouvelle histoire du Moyen Âge*. Paris: Seuil, 2021, p. 291-306. A caracterização da corrupção de Bento IX como um divisor do tempo histórico é, de fato, um argumento generalizado, que pode ser encontrado muito além da literatura acadêmica. Eis mais alguns exemplos: "Seu reino marcou o fim de um período corrupto da política papal dominada de modo familiar" (SCHULMAN, J.K. (ed.). *The Rise of the Medieval World, 500-1300: a Biographical Dictionary*. Westport/Londres: Greenwood, 2002, p. 60). • "Bento, sendo o pior papa possível, deu aos reformadores o impulso de que precisavam" (BENNETT, R. *Bad Shepherds: the dark years in which the faithful thrived while bishops did the Devil's work*. Manchester: Sophia Institute Press, 2018, p. 49). • "A corrupção fétida de toda uma era conduziu à Reforma Gregoriana, por volta de 1050, pouco após a expulsão de Bento IX" (FRASER, M. *In Truth: A History of Lies from Ancient Rome to Modern America*. Lanham: Prometheus Books, 2020, p. 90). Aproveito o ensejo destas citações para esclarecer que todas as citações em português realizadas a partir de referências em outras línguas consistem em traduções de minha responsabilidade.

o conhecimento depende, quase por completo, da capacidade de articular a ideia de corrupção. O livro que tens em mãos, prezado leitor, ilustre leitora, é um convite para revisitarmos um importante capítulo da história medieval, imbuídos da experiência acumulada com nossa realidade.

Cada uma e todas as páginas a seguir derivam de algum modo da premissa de que nós, brasileiros e brasileiras, dispomos de uma sensibilidade algo aguçada quando se trata do estudo da corrupção, que acumulamos, por força de dilemas e desafios nacionais, uma perícia para vasculhar o tema com desenvoltura e certa argúcia. Entre nossas habilidades não figuram somente a capacidade para lidar com "corrupção" como categoria sistêmica e multifacetada, mas também uma competência para desarmar as armadilhas camufladas como ubiquidade. Em outras palavras, conhecemos de perto como "corrupção" pode ser transformada em nome transbordante, de tons hiperbólicos, capaz de levar o pesquisador a pecar pela falta de foco. Quando se trata de registros sobre a corrupção é imprescindível indagar que agentes se interessaram por essa ubiquidade; que interesses estavam em jogo e foram, eventualmente, saciados com tais registros; e, sobremaneira, que consequências foram, então, acarretadas pelo próprio relato. Quando se pertence a uma época em que as notícias sobre a corrupção são multiplicadas *ad nauseam*, logo se percebe quão vitais são essas perguntas para evitar que os fatos se tornem uma espécie de pano de fundo da vida em sociedade, e que, assim diluídos, com os contornos borrados por acusações genéricas, nos impeçam de saber que força social estava, efetivamente, em jogo; que objetivos eram disputados e como os conflitos pelo poder eram travados.

### 3

É precisamente o que ocorre com Bento IX e aqueles anos críticos para a história do cristianismo. Há muito tempo mencionamos a corrupção como sua segunda natureza; como se a ilegalidade fosse um tipo de força intrínseca em suas ações. Se ele ultrajou a tradição com dinheiro e violou as normas eclesiásticas com a influência de sua linhagem era porque tais traços eram quem ele era: moralmente deficiente, espontaneamente afeito a abuso e afronta. Afinal, teria sido um "papa tão mau quanto qualquer pontífice do século das trevas"; "odiado por causa de sua devassidão e vícios"; "levava uma vida dissoluta e escandalosa"; "seu caráter imoral provocou muita indignação", "um homem imoral odiado, [...] desagradável e corrupto", "espetacularmente corrupto". Essa maneira de ler as coisas acarreta ao menos duas implicações – ambas prejudiciais à nossa capacidade de compreender o passado em sua complexidade[4].

---

4. As citações provêm, respectivamente, de: DUFFY, E. *Santos e pecadores: história dos papas*. São Paulo: Cosac & Naify, 1998, p. 87. • FISCHER-WOLLPERT, R. *Os papas e o papado: de Pedro a Bento XVI*. Petrópolis: Vozes, 2010, p. 69. • LABOA GALLEGO, J.M. *Historia de los papas: entre el reino de Dios y las pasiones terrenales*. Madri:

Em primeiro lugar, pensar assim é reproduzir, em termos um tanto secularizados, o ponto de vista dos próprios narradores medievais: é considerar a corrupção meramente um pecado. Trata-se de uma dramática redução existencial. Não que as doutrinas sobre o pecado fossem, séculos atrás, um sistema de ideias monótono ou simples. No entanto, os mais discrepantes relatos apresentam os pecados como uma unidade antropológica; isso, por sua vez, implica que, ao explicar a prosa do mundo, homens e mulheres se satisfaziam com a articulação de três elementos: a volição, a escatologia, a corporeidade. Observando com atenção, é possível reparar que a narrativa historiográfica raramente ultrapassa essa combinação. A corrupção é descrita como os efeitos da índole de Bento IX (volição) sobre o destino (escatologia) de um corpo político, a Igreja (corporeidade). Assim, sucumbimos a um efeito inscrito na linguagem pelos próprios medievais, caímos sob o encantamento deste feitiço ideológico, que é o de confinar a corrupção aos contornos de um sujeito, de tomá-lo como "o princípio gerador". Nos habituamos a tal leitura quando ela deveria nos fazer sobressaltar, pois procedendo assim, apagamos um sinuoso percurso de deci-

---

La Esfera de los Libros, 2005, p. 166. • STOCKWELL, A. *A Corrupt Tree: An Encyclopaedia of crimes committed by the Church of Rome against humanity and the Human Spirit*. Bloomington: XLibris Corp., 2014, p. 169. • BELLITTO, C.M. *Renewing Christianity: A History of Church Reform from Day One to Vatican II*. Nova York/Mahwah: Paulist Press, 2001, p. 51. • GERRARD, D.M.G. *The Church at War: The Military Activities of Bishops, Abbots and Other Clergy in England, C. 900-1200*. Londres/Nova York: Routledge, 2017, p. 234.

sões sociais críticas. O que os textos medievais anunciam como falha pessoal não era, na realidade, um fato fechado sobre si. Vemos a corrupção como acontecimento, como algo episódico e biográfico, mas sua eclosão era a última etapa de um longo processo. Para "cometê-la" foi preciso selecionar objetivos, ponderar sobre limites e riscos existentes em uma situação concreta, satisfazer condições de consentimento por parte de outros, gerenciar uma série de relações e diretrizes sociais. Tudo desaparece quando a reduzimos à desdita individual ou ao lance de ocasião. E, então, perdemos o rastro de como a elite – da qual Bento fazia parte – operava as possibilidades e as impossibilidades da dominação social[5].

Em segundo lugar, a naturalização – como personificação – ofusca a compreensão de outro importante feixe de relações sociais: as que envolvem o ato de acusar em si. Uma acusação de corrupção não era mera modalidade de conhecimento, simples constatação. Tratava-se igualmente e, talvez, sobretudo, de uma tentativa de destituir, remover alguém de determinada posição de poder. Como

---

5. Os argumentos constantes neste parágrafo foram influenciados pela leitura de: NEWHAUSER, R. (ed.). *The Seven Deadly Sins: from communities to individuals.* Leiden: Brill, 2007. • NEWHAUSER, R.; RIDYARD, S.J. (eds.). *Sin in Medieval and Early Modern Culture: the tradition of the Seven Deadly Sins.* Nova York: York Medieval Press, 2012. • FREDRIKESEN, P. *Pecado: a história primitiva de uma ideia.* Petrópolis: Vozes, 2014. • GUBBINI, G. *Body and Spirit in the Middle Ages: Literature, Philosophy, Medicine.* Berlim: De Gruyter, 2020. • COPELAND, R. *Emotion and the History of Rhetoric in the Middle Ages.* Oxford: Oxford University Press, 2022.

tal, podemos pressupor que nem todos, portanto, estavam de acordo a seu respeito, pois não era uma proclamação autoevidente e unívoca, dotada de consenso e aceitação irrestrita. Em outras palavras, acusar a corrupção implicava expor-se, era uma declaração de alto risco. Para formulá-la era preciso estar investido de certa autoridade e contar com certa margem de proteção social. É aqui que alcançamos o fundo da questão: como o acusador chegou a deter tais atributos, tal influência? De onde provinha a força de suas palavras? Tais perguntas são cruciais, já que lidamos com uma época feudal, na qual a governança e o direito eram partilhados como uma pluralidade de poderes concorrentes. Por isso, é necessário insistir: se, diferentemente de nossa época, o acusador não estava investido da autoridade pelo Estado centralizado – como ocorre hoje com Procuradores da República –, terá se valido da força de um grupo? Neste caso, como o grupo se fazia presente, ainda que simbolicamente, na acusação? Por meio de normas e interesses? De alguma finalidade estratégica? Acusações de corrupção não eram simples enunciados sobre o estado das coisas no mundo, tampouco declarações realizadas a título meramente pessoal; eram tentativas arriscadas de destituir através das palavras, de gerar um determinado estado de coisas por meio de um dizer que pressupunha apoio e adesão de outros. A corrupção resultava de uma trajetória social singular. As formas de denunciá-la também[6].

---

6. Neste parágrafo e, em menor grau, também no anterior, estão articuladas as principais premissas teóricas que embasarão o livro

**4**

Os parágrafos que acabo de escrever talvez tenham sido demasiado otimistas. O pequeno programa investigativo que acabo de delinear é dificílimo de ser cumprido. Há boa chance de que seja simplesmente irrealizável. Não apenas em razão de uma angustiante escassez documental ou porque os relatos existentes estão tomados por vazios, lacunas e silêncios impenetráveis; mas, sobretudo, em função da natureza dos próprios registros preservados, do que podemos ver. As evidências são fragmentadas. As informações, ao mesmo tempo genéricas e parciais, paradoxalmente repetitivas e contraditórias, objetivas e excludentes entre si. Parte imensa da realidade jaz inalcançável, de todo perdida para a compreensão. Uma perda tão avassaladora, que talvez só possa ser remediada pelo alento da imaginação, como fez Raffaelo Giovagnoli ao compor o romance *Benedetto IX – Storia di un pontefice romano, 1040-1049*. Ao mergulhar neste estudo me dei conta de quão precipitados nós, historiadores e historiadoras, podemos ser quando formulamos conclusões sobre aquela época mediante a certeza de possuirmos o

---

como um todo. Elas são oriundas das obras de dois autores: Pierre Bourdieu e John Searle. Mais especificamente: BOURDIEU, P. *Sociologia geral – Vol. 1: Lutas de classificação*. Petrópolis: Vozes, 2020. • BOURDIEU, P. *Economia das trocas linguísticas*. São Paulo: Edusp, 1998. • SEARLE, J.R. *The Construction of Social Reality*. Nova York: The Free Press, 1995. • SEARLE, J.R. *Mente, linguagem e sociedade: filosofia no mundo real*. Rio de Janeiro: Rocco, 2000. • SEARLE, J.R. *Making the Social World: the structure of human civilization*. Oxford: Oxford University Press, 2010.

passado em sua inteireza, por completo. Logo se vê, no que acabo de escrever, que esta não é a primeira vez que vasculho as acusações de corrupção contra Bento IX. Percorri o tema de maneira pontual em outras publicações, das quais destacado dois livros: *Colunas de São Pedro: a política papal na Idade Média Central*, lançado em novembro de 2011 pela Editora Annablume; e *Bispos guerreiros: violência e fé antes das Cruzadas*, trazido ao público sete anos depois pela Editora Vozes. Em ambos, percebo hoje, subestimei a vastidão do passado. As conclusões, embora – assim espero – pertinentes, formavam um prisma, tomavam o todo por uma de suas partes, como se houvesse cartografado a imensa terra incógnita que o passado continuava a ser[7].

Com efeito, tão vital quanto buscar os conteúdos que os documentos, *per se*, não entregam é tornar evidente o raio de alcance das conclusões. Admito que, quando comecei esta pesquisa, eu (ainda) esperava ser capaz de oferecer um quadro completo, de capturar o conjunto de um passado fascinante e transmiti-lo através de um livro. Em pouco tempo percebi que a prova de compromisso com a compreensão científica não seria cultuar essa utopia pela "totalidade do fato". Seria a de desnudar o raciocínio: não

---

7. As referências mencionadas no parágrafo são, respectivamente: GIOVAGNOLI, R. *Benedetto IX – Storia di un pontífice romano 1040-1049*. Milão: Paolo Carrara, 1899. • RUST, L.D. *Colunas de São Pedro: a política papal na Idade Média central*. São Paulo: Annablume, 2011, p. 151-158. • RUST, L.D. *Bispos guerreiros: violência e fé antes das Cruzadas*. Petrópolis: Vozes, 2018, p. 157-179.

aparar as arestas da razão. Portanto, no meu modo de expor as coisas neste livro se poderá ver com frequência impossibilidades, obstáculos e resignações; os parâmetros de escolha, o momento crítico de uma tomada de posição perante alternativas plausíveis; enfim, o percurso acidentado e repleto de quedas que me conduziu das leituras dos registros históricos até as conclusões – não só as conclusões. Nos capítulos a seguir, não tentei encontrar o ponto geometral de todos os relatos, o ângulo desembaraçado das limitações de ser um ponto de vista. Estive mais interessado em transmitir uma maneira de pensar do que em atingir um saber pronto, acabado.

Se a história de como Bento IX foi três vezes papa está atravessada por lacunas e silêncios, o que devemos fazer não é suprimi-los ou minimizá-los. Mas torná-los câmaras que amplifiquem a acústica da razão. O passado é eloquente porque nos falta – não apesar da falta. Tentemos, então, ouvir.

Brasília, 26 de agosto de 2022.

# 1
# O POVO CONTRA O PAPA: O SENTIDO POLÍTICO DA REVOLTA POPULAR

> *As verdades, uma vez sabidas, adquirem uma crosta utilitária; não nos interessam já como verdades, e sim como receitas úteis.*
> José Ortega y Gasset, 1914.

## 1

Mil anos atrás não era preciso muito para registrar uma revolta. Nos manuscritos medievais raramente era guardado espaço para além do necessário. Indicava-se o ano da graça do Senhor, anotava-se a localidade e até que ponto ousaram os homens ao pegar em armas contra um mandatário. Em geral, era tudo. Ávido por maiores particularidades, leio e releio as narrativas apenas para retornar à impressão de que tudo o que gostaria de ver não ganhou traço porque era sabidamente compartilhado entre o cronista e sua audiência. À época não era preciso fornecer razões ou detalhamentos sobre a sublevação porque se obedecia à regra do óbvio. Ler era dar uma vista d'olhos sobre algo já sabido. Como as palavras estavam ajustadas ao mundo, a notícia surgia, assim, sem mistérios ao redor ou enigma interior. Quem registrava tal ocorrência agia como se estivesse ciente de que a audiência já estava postada perante um fato conhecido antes de a leitura começar.

Com efeito, o início de uma revolta medieval frequentemente permanece fora do alcance dos leitores e leitoras de hoje em dia. Porque as rebeliões eram tratadas como um dado, nada sabemos sobre as ações ou os acontecimentos que as precipitaram[8]. Roma não era exceção. Embora a Cidade Eterna atraísse olhares de toda a Cristandade e despertasse atenção constantemente renovada, os conflitos que irrompiam por vielas e palácios de uma ancestralidade sem par provocavam descrições igualmente sucintas. Assim foi a respeito de 1044. Diversos textos conservam a lembrança de uma mobilização contra o papa, mas sem esmiuçar sobre sua eclosão. O relato mais detalhado que chegou até nós consiste na versão contida em um conjunto heterogêneo de textos rotulado *Annales Romani*. Esses "anais" foram compilados décadas adiante, não menos que trinta anos depois. Porém, ao que tudo indica, sob o ponto de vista próximo ao ocorrido, já que composto a partir de uma ou mais ver-

---

8. REUTER, T. *Medieval Polities & Modern Mentalities*. Cambridge: Cambridge University Press, 2006, p. 377. De modo geral, o argumento também está em dívida com ALTHOFF, G. *Rules and Rituals in Medieval Power Games*. Leiden: Brill, 2019.

sões que circulavam oralmente entre a população local.

"No 1046º ano da encarnação do Senhor, na 13ª indicção, com o Papa Bento IX governando a cidade de Roma, no 12º ano de seu [pontificado] [diz o texto] teve início na cidade de Roma uma grande sedição, quando todos, mobilizados como um só, vieram e o expulsaram de seu pontificado. Além disso, nesse mesmo ano, durante a festividade de Santa Cecília, o sol foi obscurecido pelo espaço de quase três horas"[9].

De antemão, é preciso desatar um nó criado pela cronologia. O 12º ano do governo de Bento IX não coincide com 1046, mas 1044. Quanto à indicção em questão, essa antiga unidade do calendário romano para cobranças fiscais, corresponderia ao inverno de 1044-1045. Ademais, o eclipse de 22 de novembro – que ocorreu durante a festividade de Santa Cecília – teve lugar dois anos antes. Trata-se, portanto, de 1044. Porém, mais importante do que desembaraçar as datas é notar como "uma grande se-

---

9. DUCHESNE, L. (ed.). *Liber Pontificalis*, v. 2, p. 331. É um relativo consenso historiográfico que a seção dos *Annales Romani* dedicada aos anos de 1040 deriva de uma perspectiva que era não apenas endógena, formulada no interior de Roma, mas contemporânea aos eventos: WHITTON, D. The Annales Romani and Codex Vaticanus Latinus 1984. *Bullettino dell'Istituto Storico Italiano per il Medio Evo*, v. 84, 1972-1973, p. 125-143. • WHITTON, D. *Papal Policy in Rome, 1012-1124*. Tese de doutorado. Wolfson College, 1979, p. 5-6. • ORTH, P. Papstgeschichte im 11. Jahrhundert: Fortsetzung, Bearbeitung und Gebrauch des Liber Pontificalis. In: HERREN, M.W.; McDONOUGH, C.; ROSS, A.G. (coords.). *Latin Culture in the Eleventh Century – Proceedings of the Third International Conference on Medieval Latin Studies, II*. Turnhout: Brepols, 2002, p. 258-280.

dição", simplesmente, eclode. Sua ocorrência não parece preocupar o redator, que a inscreve na ordem do dia como um fato dado, quase tão natural como um movimento de planetas. Para a posteridade, o óbvio é uma cortina espessa. Encobre motivações, circunstâncias, pretextos que interromperam o governo papal e levaram à expulsão de Sua Santidade. Por que a revolta? Uma pergunta simples, mas que põe um preço muito alto em qualquer tentativa de resposta.

O relato, todavia, não termina na menção ao eclipse de 1044. De volta, então, aos *Annales*. "Após terem expulsado o pontífice [o texto prossegue] teve início uma grande sedição entre romanos e trasteverinos, de modo que os romanos, todos reunidos como se fossem um só, avançaram para sitiar o Trastevere, no dia 7 do mês de janeiro". Portanto, à revolta seguiu-se uma reação: os habitantes da região do Trastevere aliaram-se à causa do papa e resistiram. "Ocorreu uma grande batalha [os trasteverinos] colocaram os romanos em fuga com apoio dos condes que vieram pela montanha; vale dizer, Gerardo, filho de Rainério, e, em torno dele muitos cavaleiros, que eram fiéis ao dito pontífice". Durante a colisão "da grande multidão, 100 e mais homens foram sufocados, [entre os] poderosos e [os] subordinados". Ao fim, contavam-se os mortos sem que fosse possível enumerar os vitoriosos. Apesar da participação de condes e cavaleiros, o embate não pôs fim à revolta. Prova disso é que, dias depois, "todos os romanos, reunidos como um só, elegeram para si um papa, João, bispo da Sabina, ao qual impuseram o nome Silvestre, que permaneceu no pontificado por 49 dias". Desse modo, termina a revolta: uma vez "expulso esse [novo papa], [os romanos] reconduziram o pontífice Bento à sua Sé"[10].

Podemos extrair informações valiosas do relato. Primeiro. A revolta é apresentada como um fenômeno heterogêneo, que mobilizou diferentes extratos da hierarquia social local, tendo em vista que tanto poderosos quanto subalternos tombaram em combate. A julgar pela reiterada ênfase na adesão unânime dos romanos, que agiam "como se fossem um só", pode-se considerar que tenha contado com base social local, transcorrendo como algo similar ao que entendemos hoje como um "movimento popular"[11]. Segundo. A certa altura, a sedição assume o caráter de luta urbana contra forças rurais. É o que de-

---

10. DUCHESNE, L. (ed.). *Liber Pontificalis...*, p. 331.

11. A caracterização do movimento como uma "revolta popular" pode ser encontrada em: BORINO, G.B. L'Elezione e la Deposizione di Gregorio VI. *Archivio della R. Società Romana di Storia Patria*, 1916, v. 39, n. 1, p. 153, 181; v. 39, n. 3, p. 367. • BAIX, F.; JADIN, L. Benoit IX. In: BAUDRILLART, A.; MEYER, A.; CAUWENBERGH, É. (dir.). *Dictionnaire d'Histoire et de Géographie Ecclésiastiques*. Vol. 8. Paris: Letouzey et Ané, 1935, p. 99. • BREZZI, P. *Roma e l'Impero Medioevale (774-1252)*. Bolonha: Cappelli, 1947, p. 206. • VOLLRATH, H. Sutri 1046; Canossa 1077; Rome 1111: problems of communication and the perception of neighbors. In: NOBLE, T.F.X.; VAN ENGEN, J. (eds.). *European Transformations: the long twelfth century*. Notre Dame: University of Notre Dame Press, 2012, p. 132-170, esp. p. 138. Meu argumento a respeito da heterogeneidade social da revolta foi influenciado por TOUBERT, P. *Les Structures du Latium Médiéval: le Latium Méridional et la Sabine du IX<sup>e</sup> siècle à la fin du XII<sup>e</sup> siècle*. Vol. 2. Roma: École Française de Roma, 1993, p. 1.032-1.033.

preendo da menção ao envolvimento dos condes e dos cavaleiros liderados por "Gerardo, filho de Rainério". Não consegui associar a alusão à "montanha" a uma localidade específica, mas é seguro tomá-la como indício de que provinham do interior do Lácio. Ademais, sabemos que o Gerardo em questão era o conde de Galeria, nome de um enclave fortificado situado ao noroeste de Roma, cujo poder se ramificava pelo interior e alcançava o Trastevere, um subúrbio de elevado *status* social e econômico, mas a respeito do qual os romanos não se decidiam se era ou não parte integral da cidade[12]. Por fim, pode-se sustentar que as ações visavam contestar o papa, não a autoridade papal. Na realidade, uma vez que um pontífice substituto foi aclamado e que, cerca de um mês e meio depois, após esse último atravessar as muralhas de volta à Sabina, Bento foi reinstalado no trono apostólico, é possível dizer que os revoltosos contestaram o papa em nome da autoridade papal. Qualquer que tenha sido o caso, o campo de ação dos revoltosos dependia da manutenção da liderança eclesiástica. Se a revolta foi "revolucionária", como insistem alguns autores, a revolução possuía caráter conservador; estava empenhada em conservar a autoridade papal.

Por mais valiosas que sejam, tais conclusões deixam uma vastidão de lacunas. Em especial, quanto a Bento IX. O que fizera para provocar tamanha reação? O que levou

---

12. WICKHAM, C. *Medieval Rome: stability and crisis of a city, 900-1150*. Oxford: Oxford University Press, 2015, p. 128.

os romanos a vê-lo como o obstáculo a ser removido do caminho de um governo que exercia há doze anos? Acaso Bento lesou interesses específicos? Ou terá sido um bode expiatório para insatisfações de outra ordem? Não sabemos. Estamos impedidos de saber em razão da economia de palavras do registro histórico. Qualquer tentativa de atribuir causas àquela revolta gerará um resultado hipotético. A única certeza é quão incerta será a explicação que se pode formular, quão malsucedido já será quem chegar a uma conclusão.

2

Poucos meses antes, Bento operara uma reviravolta no conflito entre duas Igrejas: os bispados do Grado e de Aquileia. Tratava-se de uma disputa antiga, que fincava raízes nos séculos. Em diferentes ocasiões, quando o continente se tornou alvo de invasores, o patriarca de Aquileia refugiou-se na Ilha do Grado. Assim foi desde o tempo dos hunos. Por segurança, a sede do patriarcado era transferida mar adentro, e após meses, ou mesmo anos, reinstalada no continente. Isto mudou em 579. Na ocasião, o Papa Pelágio I atendeu a um pedido do patriarca em fuga dos lombardos e declarou o Grado como sendo a "Nova Aquileia", onde tomava assento o superior das províncias eclesiásticas da Venécia, Ístria e Dalmácia. Contudo, o clero continental elegeu outro superior, que também envergou o título de patriarca e cujos sucessores reivindicaram, desde então, a restauração da unidade eclesiástica – violada pela elevação da Igreja do Grado. Em 1024, o novo patriarca passou à ação: Poppo de Treffen liderou a invasão da ilha, impôs a subordinação à força de saque e destruição e, em seguida, levou o assunto a Roma. O papa à época, João XIX, negou-se a validar a sujeição, mas, pouco mais de dois anos, em 1027, pressionado pelo imperador, reescreveu a sentença, confirmando a "restituição" do Grado[13].

É preciso mais uma ou duas palavras sobre o patriarca para que compreendamos a magnitude da mudança protagonizada por Bento IX. Poppo era figura graúda no cenário imperial. Quando o incensou ao alto clero, em 1019, Henrique II entregou aquela que talvez fosse a mais rica Igreja do norte itálico a um descendente dos condes de Chiemgau, linhagem bávara influente do outro lado dos Alpes. A união surtiu efeito em pouco tempo. Quando Henrique lançou uma campanha contra os árabes, em 1021, Poppo se juntou ao corpo do exército liderando o formidável contingente de onze mil guerreiros. Ele cunhava a própria moeda. Após a morte de Henrique, continuou frequentando o séquito real, agora como ho-

---

13. Sobre a invasão do Grado em 1024 e a subsequente deliberação conciliar sobre o assunto, cf. SYNODUS ROMANA. *Mansi*, v. 19, col. 491-496. • KEHR. *Italia Pontificia*, v. 7, n. 48, p. 52. Quanto à decisão final emitida por João XIX, cf.: CONRADI II; IOHANIIS XIX. Synodus Romana. MGH Const., v. 1, p. 82-84; IOHANIIS XIX. Epistola ad Popponem Patriarcham Aquileiensem. *PL*, v. 141, col. 1137. A caracterização do histórico de conflitos entre a "velha" e a "nova aquileia" retoma e sintetiza o que escrevi em RUST, L.D. *Bispos guerreiros...*, p. 102-108.

mem próximo à cabeça da nova dinastia reinante, Conrado II, em cuja coroação tomou assento. O imperador o arrolava por testemunha ao emitir privilégios. Incumbia-o pessoalmente de encarcerar adversários da coroa e não hesitava em angariar hostilidades para favorecê-lo. Afinal, quando pressionou o pontífice em nome dos interesses de Poppo, Conrado antagonizou o maior interessado na autonomia do Grado: Veneza e seus aliados, Bizâncio e Hungria. "Praticamente nenhum outro bispo imperial – e certamente nenhum italiano – foi tão fortemente defendido por Conrado como Poppo de Aquileia", arrematou o historiador Herwig Wolfram[14]. Ao falecer, em 1042,

---

14. A respeito da participação na campanha de 1021: RUPNICH, D. L'Intervento di Poppone nella spedizione pugliese di Enrico II e la situazione italiana nei primi decenni dell'anno mille. In: SCAREL, S.B. (org.). *Poppone: l'età d'oro del patriarcato di Aquileia*. Roma: L'Erma do Bretschneider, 1997, p. 50. Quanto à informação de que o patriarca cunhava a própria moeda: SCHMIDINGER, H. Il patriarcato di Aquileia. In: MOR, C.G.; SCHMIDINGER, H. (orgs.). *I Poteri Temporali dei Vescovi in Italia e in Germania nel Medioevo*. Bolonha: Società Editrice di Milano, 1979, p. 157. Por sua vez, com a frase "o imperador o arrolava por testemunha ao emitir privilégios" me refiro ao diploma emitido em honra de Berta de Turim nessa cidade (CONRADO II. Diploma 254. MGH DD K II, p. 349-352. Cf. tb.: ANNALES HILDESHEIMENSES. MGH SS Rer. Germ., v. 8, p. 42). Em 1037, juntamente com Conrado, duque da Caríntia, Poppo foi encarregado pelo imperador de manter na prisão o Arcebispo Ariberto de Milão, declarado em assembleia violador da paz real; cf. WIPO. *Gesta Chuonradi II imperatoris*. MGH SS Rer. Germ., v. 61, p. 55. • ARNULFO. *Gesta Archiepiscoporum Mediolanensium*. MGH SS, v. 8, p. 15. • HERMANN DE REICHENAU. *Chronicon*. MGH SS, v. 5, p. 122. • LANDULFO. *Historia Mediolanensis*. MGH SS, v. 8, p. 59. A respeito da biografia de Poppo e do significado de sua trajetória eclesiástica para a hegemonia imperial, apoiei-me também em: VIOLANTE, C. *Studi Sulla Cristianità Medioevale: società, istituzioni, spiritualità*. Milão: Vita e Pensiero,

Poppo deixava Aquileia como uma das mais importantes conexões do poder imperial na Península Itálica.

Agir contra o patriarca era desafiar a ordem assegurada pela coroa para os assuntos itálicos. Dificilmente se poderia tomar uma decisão que diminuísse seu patrimônio ou seu *status* sem atrair para si a fama de adversário da autoridade imperial. Este foi precisamente o caso de Bento. Em 1044, durante o sínodo romano, ele acolheu os protestos venezianos, afirmando que seu predecessor, João, se deixara levar por afirmações fraudulentas. Bento reconheceu o eclesiástico do Grado, Orso, como patriarca da "Nova Aquileia", e dirigiu-se ao rival com o depreciativo título de "bispo do Friuli". No privilégio em que lavrou a decisão, Bento assegurou que Poppo não se envergonhara de submeter a Sé Apostólica aos flagelos de suas dissimulações. Quase vinte anos depois, a política imperial sofria pesado revés. Tenho enorme dificuldade para explicar o novo desfecho. Por certo que as mortes de Conrado, 1039, e Poppo, 1042, encorajaram o curso da ação. Mas dizê-lo é no máximo apontar o aparecimento do momento favorável. Falar em ocasião propícia não é indicar motivação ou propósito. Que lógica terá levado o papa a se contrapor à influência de um bastião ativo da hegemonia imperial? Pois essa

---

1972, p. 291-297. • DOPSCH, H. Il patriarca Poppone di Aquileia (1019-1042) – L'origine, la famiglia, e la posizione di principe della Chiesa. In: SCAREL, S.B. (org.). *Poppone...*, p. 15-39. • WOLFRAM, H. *Conrad II (990-1039): emperor of Three Kingdoms*. Pensilvânia: Pennsylvania State University Press, 2006, p. 106-109, 292.

implicação mantinha-se viva. Sucessor e filho de Conrado, Henrique III seguia considerando o bispado de Aquileia um dos pilares do reino, uma vez que escolheu como patriarca o chanceler imperial, Eberardo. O prelado que recebeu a nova sentença papal havia sido bispo de Bamberg, de Augsburg e controlara a emissão de todos os privilégios imperiais entre 1040 e 1042[15]. Era, portanto, um homem de estreitas conexões com a corte. Mas a dificuldade maior é de outra ordem.

Durante os meses que antecedem abril de 1044, Bento agiu em profunda sintonia com os interesses imperiais. Em 30 de novembro, dois personagens itálicos encontravam-se na corte, em Ingelheim: Andreas, bispo de Perugia, e certo "clérigo Sichelmo". Ambos, provavelmente, agiam como legados; isto é, enviados especiais do papa. Sua presença foi registrada no privilégio com que Henrique III declarou justas e legais doações realizadas ao abade de São Miniato, em Florença, pelo clero citadino. O rei era, então, recém-casado. Desposara Inês, herdeira da Aquitânia e da Borgonha, ali mesmo em Ingelheim, semanas antes. Era uma união estratégica, que abria as fronteiras do oeste para novas alianças. Mas também, um laço censurável: primos, os esposos desafiaram a proibi-

---

15. Diplomas 58 a 97. MGH DD H III, p. 75-124. Minha avaliação sobre o significado de Aquileia e da ascensão de Eberardo para Henrique III baseia-se também em: BORINO, G.B. L'Elezione e la Deposizione di..., p. 168-169. • SCHMIDINGER, H. Il patriarcato di Aquileia. In: MOR, C.G. & SCHMIDINGER, H. (orgs.). I Poteri Temporali..., p. 141-175.

ção canônica os laços de parentesco matrimonial. Bento, parece-me, não se opôs. Andreas e Sichelmo – "enviados apostólicos", conforme reza o documento –, eram via de comunicação direta entre o papado e a corte, e nenhum protesto ou condenação ecoou de Roma contra aquele matrimônio crucial para a coroa. O único indício de oposição que encontrei diz respeito a um sucessor de Bento, Gregório VI[16]. Isto não é tudo. Pouco depois, em março, já às vésperas do sínodo em que endossaria as acusações venezianas, Bento concedeu o *pallium* a Adalberto, arcebispo de Bremen-Hamburgo. Mas, desta vez, além de confirmar o estatuto metropolitano da Igreja dirigida pelo agraciado, o objeto era o símbolo de uma gigantesca ampliação de poderes. Com ele, o papa atribuía à Sé Imperial a supervisão sobre igrejas e mosteiros de todos os reinos setentrionais; isto é, das terras dos daneses, suecos, noruegueses, islandeses e todas as ilhas adjacentes[17]. Se recuarmos um pouco mais, até meados de 1041, en-

---

16. De Ordinando Pontifice. MGH Ldl 1, p. 13. O registro quanto à presença de Andreas e Sichelmo consta em: Diploma 115. MGH DD H III, p. 144-146. • BORINO, G.B. L'Elezione e la Deposizione di..., v. 39, n. 1, p. 164. • BAIX, F.; JADIN, L. Benoit IX..., p. 97. É provável que o casamento entre Henrique e Inês tenha ocorrido em fins de novembro, dias antes da emissão do diploma: no dia 20, o monarca realizava uma doação ao bispado de Naumburg em memória de seus pais e de sua primeira esposa, Cunegunde; o nome de Inês aparece na confirmação de doações ao Mosteiro de Leno, datada do dia 29: Diplomas 112 e 114. MGH DD H III, p. 141-142, 143-144. • FRUTOL DE MICHELSBERG. *Chronicon*. MGH SS, v. 6, p. 196.

17. JAFFÉ, n. 4.119. • ZIMMERMANN, H. *Papsturkunden 896-1046*. Vol. 2. Viena: Verlag, 1989, p. 1.158-1.159. • BAIX, F.; JADIN, L. *Benoit IX...*, p. 98.

contraremos Bento excomungando adversários da coroa imperial. O alvo eram os aristocratas húngaros que se rebelaram contra o rei, Pedro. Tendo se refugiado em Ingelheim, o monarca tornou-se pivô da guerra declarada por Henrique contra os rebelados[18].

No mesmo ano em que enfrentou a revolta dos romanos, Bento rompeu o histórico de cooperação com a corte imperial. As razões para a ruptura seguem opacas, dificílimas de decifrar na documentação atualmente disponível. Contudo, a proximidade entre os dois episódios sugere uma conexão. De abril a setembro, seis meses depois de entrar em rota de colisão com o Império, o papa chocou-se contra os próprios súditos. Embora marcadas por uma escassez sufocante de informações, as evidências permitem arriscar a suposição de que os romanos reagiram à guinada política de Sua Santidade. Vejamos, a seguir, como unir as pontas dessa hipótese.

**3**

Nove anos antes, em 1035, Milão foi palco de uma revolta dos "inferiores" contra seu bispo, semelhante ao ocorrido em Roma. O conflito teve início quando um vavassalo viu ser tomada de volta pelo arcebispo a terra que explorava em pagamento a seus serviços mili-

---

18. A respeito da excomunhão dos húngaros em revolta durante o contexto da guerra deflagrada por Henrique III: ANNALES ALTAHENSES. MGH SS Rer. Germ., v. 4, p. 24-26. • BORINO, G.B. *L'Elezione e la Deposizione di...*, v. 39, n. 1, p. 163-164. • BAIX, F.; JADIN, L. *Benoit IX...*, p. 97.

tares. Vavassalos eram "guerreiros citadinos" – segundo elucidou o cronista milanês conhecido apenas como Arnulfo – dotados de certa consciência comum, de espírito de corpo. Pois a notícia da privação do "feudo" subitamente inflamou os demais guerreiros que se lançaram à "manifesta audácia de se rebelar" contra o prelado, Ariberto. O conflito escalou rápido. Os impasses nas negociações cederam lugar a escaramuças no interior das muralhas, e, após derrotas pontuais, os vavassalos foram empurrados para o campo, onde se aliaram a grupos de localidades próximas, concorrentes que o arcebispo havia coberto de "injúrias" similares. Ariberto, por sua vez, não recuou. Não somente porque o confisco de terras era parte da busca pelo que ele considerava legítima restauração do patrimônio eclesiástico, mas porque contava com apoio dos "capitães": grandes vassalos, detentores de castelos na paisagem rural e de numerosos parentes entre o alto clero milanês. Tensões e impasses se avolumaram até desaguar em batalha. No dia 7 de dezembro, na localidade conhecida como Campo Malo, nos arredores de Motta, um exército de vavassalos impôs uma sonora derrota ao exercício de magnatas da terra, entre os quais o arcebispo de Milão e o marquês de Turim[19].

---

19. A rebelião dos vavassalos é amplamente documentada. Aqui, baseei-me em: WIPO. *Gesta Chuonradi II imperatoris*. MGH SS Rer. Germ., v. 61, p. 53-55. • LANDULFO. *Historia Mediolanensis*. MGH SS, v. 8, p. 58. • ANNALES SENGALLENSES MAIORES. MGH SS Rer. Germ., v. 61, p. 92-93. • HERMANN DE REICHENAU. *Chronicon*. MGH

A batalha não foi o fim. Os vavassalos reentraram em Milão e os conflitos se alastraram uma vez mais. Com a espiral de destruições, os habitantes da cidade formaram uma milícia, que cerrou fileiras com o prelado. E então atingiu-se um equilíbrio de forças. Temos informações contraditórias sobre quem suplicou ao imperador para que fosse até a cidade e arbitrasse o conflito: aqui se lê que a decisão partiu do "povo milanês"; lá, que a iniciativa era a esperança do arcebispo. Em comum às versões somente a certeza de que ambos eram incapazes de prevalecer. Os eventos seguintes à chegada imperial não cabem

---

SS, v. 5, p. 122. Do relato de Arnulfo extraí não apenas a alusão ao perfil social dos vavassalos, mas outras informações a respeito do curso dos acontecimentos: ARNULFO DE MILÃO. *Gesta Archiepiscoporum Mediolanensium*, MGH SS, v. 8, p. 13-14, 31. A interpenetração entre o segmento dos "capitães" e o alto clero milanês fundamentou-se na análise da seguinte documentação: VITTANI, G.; MANARESI, C. (eds.). *Gli Atti Privati Milanesi e Comaschi del sec. XI*. Vol. 1. Milão: Ulrico Hoepli, 1933 (1001-1025), diplomas 94-138, p. 215-316. Quanto ao contexto e à política patrimonial do arcebispo, recorri ainda às seguintes referências: VIOLANTE, C. *La Società Milanese nell'Età Precomunale*. Milão: Laterza, 1974, p. 190-192, 220-241, 260. • ROSSETTI, G. Origine sociale e formazione dei vescovi del Regnum Italiae. In: ZERBI, P. (org.). *Le Istituzioni Ecclesiastiche della "Societas Christiana" dei Secoli XI-XII: diocese, pievi e parrochie*. Milão: Vita e Pensiero, 1977, p. 57-84. • SERGI, G. *L'Aristocracia della Preghiera: politica e scelte religiose nel medioevo italiano*. Roma: Donzelli, 1994, p. 12-17. • AMBROSINI, A. Milano trai l primo e il secondo millenio. In: BRIVIO, E. (ed.). *Il Crocifisso di Ariberto: un misterio milenario intorno al simbolo della cristianità*. Milão: Silvana, 1997, p. 37-46. • SALVATORE, E. I presunti "capitanei delle porte" di Milano e la vocazione cittadina di un ceto. In: CASTAGNETTI, A. (org.). *La Vassallità Maggiore del Regno Italico: i capitanei nei secoli XI-XII*. Roma, Viella, 2001, p. 35-90. • BIANCHI, E. et al. (ed.). *Ariberto da Intimiano: fede, potere e cultura a Milano nel secolo XI*. Milão: Silvana, 2007. • WOLFRAM, H. *Conrad II (990-1039)...*, p. 120-122.

nestas páginas. Recebido por Ariberto em cerimônia magnífica, Conrado se viu enredado por uma sucessão febril de intrigas e boatos, julgamentos e traições, fugas e recrutamentos que desembocaram na improvável cena do exército imperial sitiando Milão para capturar o eclesiástico. Quase dois anos depois do início da revolta dos vavassalos, era o arcebispo que, em maio de 1037, enfrentava um prolongado cerco como violador da paz do reino[20].

Enquanto a multidão metálica estrangulava a cidade, Conrado legislou a respeito dos vavassalos. No que pode muito bem ter sido uma estratégia para ampliar a adesão ao cerco, emitiu um decreto que regulava a posse dos feudos para o reino itálico. "Para que sejam conciliados os espíritos de senhores e guerreiros, e para que se encontrem sempre mutuamente concordes", Conrado decidia que terras e demais benefícios recebidos pelos inferiores não poderiam ser injustamente suprimidos. Ou seja, um benefício recebido de patrimônio eclesiástico poderia ser reavido somente mediante violação da fidelidade, com a culpa claramente determinada conforme os princípios estipulados por ele, Conrado, por seus predecessores imperiais ou por julgamento dos pares senhoriais. Aos

---

20. É o cronista imperial, Wipo, quem atribui ao povo milanês a busca pelo arbítrio de Conrado; Arnulfo, por seu turno, a menciona como um pedido pessoal do arcebispo: WIPO. *Gesta Chuonradi II imperatoris*. MGH SS Rer. Germ., 61, p. 54. • ARNULFO DE MILÃO. *Gesta Archiepiscoporum Mediolanensium*, MGH SS, v. 8, p. 15. Ocupei-me da sequência de eventos que levaram ao cerco de Milão em outra obra: RUST, L.D. *Bispos guerreiros...*, p. 124-146.

guerreiros, foi garantido o direito de transmitir os benefícios aos descendentes masculinos; no caso dos "capitães", a transmissão implicaria o pagamento de uma taxa em armas e cavalos. Ficava proibido a um *senior* envolver um bem enfeudado em contratos agrários ou transações de outra ordem sem consentimento do guerreiro que usufruía de sua posse. A posse assumia, assim, característica de um direito de propriedade provisório, mas legítimo[21]. A emissão dessa "constituição sobre os feudos" não surtiu efeito sobre o cerco. O exército continuou estacionado, sem homens suficientes para superar o cinturão de muralhas que aquartelava Ariberto. Um mês depois, sem sucesso, as tropas levantaram acampamento e Conrado se retirou para Verona. Contudo, seria um erro considerar o decreto uma nulidade.

O privilégio emitido no bojo da guerra contra um dos "grandes do reino" conferiu a força do "direito de proprietário" a relações de usufruto usualmente ameaçadas. Abriu largo campo de possibilidades para que, no caso de conflito envolvendo um feudo, a sentença favorecesse a integridade patrimonial do "menor" e que a transmissão hereditária da terra predominasse sobre contratos de arrendamento, troca ou venda. Aquele texto deslocava

---

21. O privilégio imperial encontra-se em: CONRADO II. Diploma 244. MGH DD K II, p. 335-337. E ainda: VIOLANTE, C. *La Società Milanese nell'Età...*, p. 233-248-251. • TABACCO, G. *Egemonie Social e Strutture del Potere nel Medioevo Italiano*. Turim: Einaudi, 1979, p. 259. • WOLFRAM, H. *Conrad II (990-1039)...*, p. 130.

o pêndulo da concentração fundiária. Moveu-o ligeiramente na direção de extratos sociais intermediários na hierarquia social, favorecendo legalmente homens livres que raramente tomavam a palavra nas audiências e tribunais senhoriais. Desde 1037, a coroa imperial se apresentava como guardiã do direito patrimonial que tais homens detinham ao receber a propriedade de grandes latifundiários como bispos, abades, marqueses e duques. Extrato que, em larga medida, corresponde ao do "povo" que, sete anos depois, encurralou Bento IX e expulsou-o do palácio episcopal.

Há muitas similitudes entre o "povo romano" e os vavassalos milaneses. Ambos formavam uma base social urbana, a multidão de "menores" – nome que consta no Édito de 1037 e nos *Annales Romani*. A sublevação contra o bispo foi, também, uma luta contra os "capitães", os "maiores"; do "povo" contra "os príncipes", a parcela da elite rural cujo poderio latifundiário estava atrelado ao episcopado. Tal era o caso de Gerardo, o magnata que viera em auxílio do papa em 1044. O conde havia recebido a fortaleza de Galeria diretamente do trono de São Pedro: de João XIX, muito provavelmente, ou talvez do próprio Bento. Romanos e milaneses deflagraram um conflito virulento, sem liderança discernível e marcado por explosões de violência, mas igualmente orientados pela busca por um mediador político, por uma liderança capaz de direcionar a autoridade tradicional para remover o problema que afetava a realidade "popular": aqui, o bispo da Sabina, eleito Papa Silvestre; lá, o Imperador Conrado. Nenhuma das revoltas deixou rastro de ímpeto anticlerical. Bento foi "reconduzido" pelos romanos; Ariberto manteve o arquiepiscopado até o fim da vida, em janeiro de 1045, embora pesasse sobre ele a excomunhão que Bento, em outra de suas numerosas ações favoráveis aos interesses imperiais, ditou em 31 de maio de 1038[22].

Roma não pertencia ao reino itálico. Não estava, formalmente, sob o édito de Conrado. Contudo, nenhuma outra cidade estava mais vinculada à autoridade imperial. É razoável supor que houvesse uma expectativa minimamente difundida pela vigência do privilégio que favorecia "vavassalos e vavassalos menores" no interior do Lácio, onde a propriedade era maciçamente eclesiástica e os homens livres – os citadinos, sobretudo – dependiam de enfiteuse e enfeudamento para formar patrimônio[23]. Como os milaneses, os "menores" romanos provavelmente consideravam o imperador o protetor de seus bens e prerrogativas. Com efeito, minha hipótese é que o "povo

---

22. ARNULFO DE MILÃO. *Gesta Archiepiscoporum Mediolanensium.* MGH SS, v. 8, p. 15-17. O cronista imperial menciona assim a reação milanesa à elevação de Ambrósio ao arcebispado de Milão após a excomunhão de Ariberto: "Nessa época, o imperador deu o arquiepiscopado milanês a Ambrósio, cônego milanês, embora a doação [realizada] por aquele proporcionou pouco a esse. Pois os cidadãos milaneses demoliram tudo o que Ambrósio possuía em seu território e mantiveram, honorificamente, Ariberto como seu arcebispo até a morte deste" (WIPO. *Gesta Chuonradi II imperatoris.* MGH SS Rer. Germ., v. 61, p. 56). Cf. tb.: HERMANN DE REICHENAU. *Chronicon.* MGH SS, v. 5, p. 122.

23. WICKHAM, C. *Medieval Rome.*, p. 35-110.

romano", instado pelo episódio milanês, nutriu forte identificação com o poder imperial. Que floresceu entre os romanos uma consciência política definida pela defesa da autoridade imperial, então considerada a guardiã de seus próprios interesses. A identificação teria sido forte a ponto do povo se sentir frontalmente afetado quando Bento, seja lá por que razão, minou a força das decisões imperiais com o caso Aquileia *versus* Grado.

A hipótese deixa muito por dizer. Não esclarece como a revolta eclodiu, não desata o porquê de os romanos pegarem em armas seis meses depois de Bento reverter a política imperial. Além disso, apoia-se sobre a ideia de uma necessária circulação de ideias entre Roma e Milão para a qual não encontrei provas mais persuasivas. Contudo, ela proporciona algum ganho. Pensando nestes termos, evitamos que a revolta romana seja encarada como acontecimento isolado, uma desordem ilhada no oceano da história. Ela exige igualmente que se pratique o difícil exercício de investigar se havia racionalidade na conflitualidade; afinal, a violência extrema não teria sido incompatível com vigência de objetivos comuns, de uma identificação com símbolos da hegemonia imperial e de limites para engajamento e resistência. Com isso, evita-se saltar para a conclusão de que a revolta foi uma convulsão social, uma anormalidade provocada por uma multidão cega a qualquer sentido. E o mais importante. Essa hipótese atrela a revolta à investigação de uma lógica social abrangente, impele a indagar como os sublevados experimentavam o poder econômico, a dominação social e a legitimidade das instituições. Adverte que a busca pela complexidade não pode ser suspensa em nome de explicações automáticas. E, ao fazê-lo, desafia a fabricação da imagem de Bento IX.

**4**

Em algum momento entre 1076 e 1079, enquanto ditava seu conhecido *Diálogo sobre os milagres de São Bento*, Desidério, abade de Monte Cassino, percorreu a trilha da memória de eventos que culminaram na revolta romana. "Durante aqueles anos [dizia, retrocedendo ao início da década de 1030] certo Bento, pelo nome, mas não pelas obras, filho de certo Cônsul Alberico, seguindo as pegadas de Simão Mago mais do que as de Simão Pedro, com um grande montante de dinheiro dado pelo pai ao povo, reivindicou o sumo sacerdócio para si." O papado foi adquirido por Bento não em razão de virtudes espirituais – ele não seguia os passos de São Pedro –, mas graças à fortuna em moedas desembolsada pelo pai – as "pegadas de Simão Mago", o personagem que aparece no Ato dos Apóstolos tentando comprar os dons do Espírito Santo. Aquelas, portanto, eram rememorações sobre um simoníaco. "É horrível relatar sobre este que, após ter ingressado no sacerdócio, levou uma vida torpe e imunda, da qual saiu execrado; melhor exortar e contar para que o Deus onipotente seja digno de velar pela constituição de sua Igreja", lamentava Desidério, como se cada palavra fosse um espinho que ia desencravando da alma. Convém reparar que, a essa altura, o abade construiu um argumento incisivo. Que a trajetória clerical de Bento havia sido um *continuum* de mazelas; que a atuação sacerdotal prolongara uma condição vil em razão da origem simoníaca; que o papa, enfim, era o pecado em estado permanente. "Por fim [o texto passa à conclusão], como tinha agido com rapinas, massacres e outras ações nefastas contra o povo romano por muito tempo e sem correção alguma, reunido como um só e porque não mais desejava suportar a perversidade dele, expulsaram-no da cátedra pontifícia sublevando a cidade"[24].

Embora fosse cardeal da Santa Sé há quase vinte anos, Desidério escrevia a partir da perspectiva de um religioso do sul da Península Itálica, onde era abade. As recordações vinham à tona distantes de Roma, no tempo e no espaço. Não resultavam de testemunho pessoal – Desidério era um jovem de 16 ou 17 anos vivendo no Principado de Benevento quando a revolta estourou – e não carregavam marcas de uma experiência romana, como os *Annales*. O mais provável é que a memória do abade tenha sido alimentada por fontes escritas, que ecoasse outro texto. Abre-se, então, um leque de possibilidades. Desidério pode ter se inspirado em um caso ancestral,

---

24. DESIDÉRIO DE MONTE CASSINO. *Dialogi de Miraculis Sancti Benedicti*. MGH SS, v. 30/2, p. 1.141. Para as citações de Desidério também recorri à tradução italiana: SPERDUTI, G. (ed.). *I Dialoghi sui Miracoli di S. Benedetto*. Cassino: Francesco Ciolfi, 1998.

sua narrativa pode ter imitado um papa do passado. Não se pode presumir que recorreu apenas a relatos contemporâneos. Qualquer obra que, ao longo do milênio, tenha descrito um conflito entre o papa e o povo pode ter inspirado o *Diálogo*. Mas é possível estreitar o campo de buscas, já que dispomos de duas coordenadas: terá havido algum texto que, (1) acessível a um eclesiástico na Itália do século XI, oferecia (2) descrição semelhante à notícia da revolta romana? Orientado por tais critérios encontrei *Sobre Papa João*, obra que, desde o século XIX, é conhecida como *Historia Ottonis*. Como o texto trata da deposição do Papa João XII pelo Imperador Oto I, os editores modernos preferiram intitulá-la *História de Oto*[25]. Mas o papa é tão imprescindível quanto o rei à narrativa do autor, Liudprando de Cremona.

O ponto culminante da trama é o sínodo que, no outono de 963, depôs João. Tendo sido recebido pelos "cidadãos", Oto, com "a grande plebe reunida na Igreja de São Pedro", tomou assento e presidiu a assembleia eclesiástica. Em sua presença foi arrolada a lista de acusações. João havia ordenado diáconos em um estábulo; havia cobrado "um preço" para empossar bispos; cometeu "abusos" contra viúvas, incluindo a concubina de seu pai, a tal ponto que transformou o palácio de Latrão em um prostíbulo. Ele caçava – bradaram os cardeais. Vazou os olhos de seu

---

25. Sigo entendimento fundamentado por CHIESA, P. Così si costruisse un mostro – Giovanni XII nella cosiddetta *Historia Ottonis* di Liutprando di Cremona. *Faventia*, v. 21, n. 1, 1999, p. 85-102, sobretudo p. 85-86.

confessor. Decepou as genitais de um cardeal. Causou incêndios. Vestiu elmo, couraça e brandiu a espada. "Todos, tanto clérigos quanto laicos, clamavam que tinha bebido vinho por amor ao diabo." A lista prossegue, perfazendo uma vida clerical de "crimes indignos e outros ainda mais torpes e maiores"[26]. João XII surge como a versão detalhada das "rapinas, massacres e outras ações nefastas" que Desidério transferiu para Bento. Além disso, em 1044, vê-se o papa em fuga como em 963, antagonizado pela população, com "o povo" sustentando a cena como "a plebe" o fizera – em que pese a diferença de que, antes, a oposição dos "cidadãos" contara com um porta-voz, Oto I. As correspondências podem ser tomadas como indícios de que o abade revolvia o calhamaço ditado por Liudprando, cujo manuscrito foi difundido em cópias por diferentes regiões do mundo latino, incluindo a Península Itálica[27]. Desidério duplicou Liudprando. Descreveu Bento IX, baseando-se em João XII.

---

26. LIUDPRANDO DE CREMONA. *Historia Ottonis*. MGH SS rer. Germ., v. 41, p. 166-168. Também me apoiei na tradução em língua inglesa: SQUATRITI, P. (ed.). *The Complete Works of Liutprand of Cremona*. Washington: The Catholic University Press, 2007.

27. Dizer "calhamaço" não é mera opção de estilo. Trata-se de uma maneira de aludir ao fato crucial, indicado por Paolo Chiesa, de que *De Iohanne Papa* – que não é obra extensa – circulou, durante muito tempo após o século X, como o último livro de *Antapodosis*, obra maior de Liutprando de Cremona e que conta com variado espectro de cópias. Cf.: CHIESA, P. Un descriptus smascherato – Sulla posizione stemmatica della "Vulgata" di Liutprando. *Filologia Mediolatina*, v. 1, 1994, p. 81-110. • CHIESA, P. Per una storia del testo delle opere di Liutprando di Cremona nel medioevo. *Filologia Mediolatina*, v. 2, 1995, p. 165-192.

A comoção contra a "perversidade" de Bento IX era, ao menos parcialmente, uma criação retórica inspirada em um texto de 970. A afirmação, no entanto, deixa aberta uma pergunta crucial: Por que tal versão satisfez Desidério? Ou seja, por que, entre os diversos modelos disponíveis para o abade versado em história, especificamente este foi encarado como correspondendo à verdade do que ocorreu em Roma? A resposta, penso eu, jaz nos interesses monásticos. Tudo começa por um dado algo trivial: Bento e João eram parentes. Pertenciam à família de magnatas tusculanos descendentes de Teofilato, o "gloriosíssimo duque" e "senador dos romanos" que, por volta de 915, controlava tribunais e exércitos em nome dos apóstolos. De fato, Bento era sobrinho-bisneto de João. Ao refletir os delitos do antepassado sobre a vida do último papa, o abade implicitamente fornecia o parentesco como prova, operando com a ideia de que a malignidade era transmitida pelo sangue. Ele lamentava as consequências provocadas pela presença de uma linhagem, não meramente de indivíduos. O mal se propagava pela teia de fios carnais que formavam aquela família, enfeixando as vidas de seus descendentes e mantendo-as para sempre presas, do berço ao túmulo. Eis um argumento valioso para um abade de Monte Cassino[28].

---

28. Sobre "o senador" Teofilato, cf: TOUBERT, P. *Les Structures du Latium...*, p. 968-974.

Durante os anos de 1030, a linhagem dos Tusculanos se aliara ao príncipe de Cápua, Pandolfo. Teodora, tia de Bento, foi dada em casamento ao senhor meridional. Falecido em 1049 ou 1050, Pandolfo colecionou antagonismos contra o mosteiro e seus principais aliados à época, os normandos. Na *História dos normandos*, composta por um religioso local sob a influência de Desidério por volta de 1086, Pandolfo surge como *bête noire*: aliado de gregos, algoz do povo, saqueador do tesouro religioso. Culpado de perversidade e maldade, ele é aí antípoda dos normandos, cuja "autoridade crescia dia a dia". O próprio Desidério reservou-lhe profunda aversão nos *Diálogos*. Logo se vê que a reputação atada à "casa de Teofilato" atendia a uma agenda ideológica específica. Ela polia a imagem do adversário do mosteiro como homem de laços iníquos, que transmitiam o mau governo de Roma a Cápua, tendo o casamento de Teodora por fio condutor. Com efeito, formava-se um efeito dominó ideológico: incriminando Bento, degradava-se Pandolfo, seu parente, e, por força do contraste, exaltava-se os normandos como salvadores cristãos. Contraste não só conveniente – pois engrandecia os maiores doadores ao tesouro do qual Desidério era guardião –, mas necessário. Afinal, quando os *Diálogos* tomaram forma, os patronos de Monte Cassino corriam o risco de serem banidos da Igreja. Em março de 1078, Gregório VII excomungou "todos os normandos que estão agindo para invadir a terra de São Pedro, [...] sediar Benevento e [...] pilhar Campania, Marítima e Sabina". Sentença confirmada em março de 1080[29].

A certeza de que os romanos haviam se revoltado contra um pontífice culpado por crimes em série, que buscavam pôr um fim em um regime de massacres e espoliações não é uma descrição desinteressada do passado. Ao contrário. Servia à legitimação da aliança entre Monte Cassino e normandos. Dizê-la era, em primeiro lugar, se-

---

29. A respeito do tratamento dedicado pelo Monge Amato de Monte Cassino a Pandolfo e os normandos na *História dos normandos*, cf. BONNICI, T. (ed.). *Amatus de Montecassino – A história dos normandos (c. 1086 EC)*. Londrina: Diálogos, 2021, p. 88-153. Quanto a Desidério, um exemplo: "Pandolfo, príncipe de Cápua, foi homem poderosíssimo e riquíssimo, que, roubando e derramando sangue humano, espoliando cruelmente os lugares próximos, trouxe cruelmente para seu domínio cidades, fortalezas e os campos de todo tipo, e que praticou estupros, massacres, rapinas e dispersões dos bens da Igreja por muito tempo, insaciavelmente sem qualquer misericórdia" (DESIDÉRIO DE MONTE CASSINO. *Dialogi de Miraculis Sancti Benedicti*. MGH SS, v. 30/2, p. 1.123). Trechos como este, que acabo de traduzir, revelam um jogo especular entre as caracterizações de Pandolfo e Bento IX, de modo que, como argumentei, uma comunica predicados similares à outra. A respeito das decisões pontifícias de 1078 e 1080, cf. GREGÓRIO VII. MGH Epp., sel., 5: 14a, p. 368-373; 6: 5b, p. 403; 7: 14a, p. 481. • MANSI, v. 19, col. 504-506, 509; v. 20, col. 532-533. Cf. tb.: BERTHOLDO. *Annales*. MGH SS, v. 5, p. 314-326. Gregório comunicaria suas reprovações pessoalmente a Jordano, senhor normando de Cápua: GREGÓRIO VII. MGH Epp. sel., 6: 37, p. 453-454. Na mesma época em que dirigiu a carta enfurecida ao príncipe de Cápua, o papa repreendeu o Abade Desidério por não reagir às "injúrias" e colocou a Abadia de Montecassino em interdito: GREGÓRIO VII. Epp. vag., 28-29, p. 72-77. • CHRONICA MONASTERII CASINENSIS. MGH SS 34, 3: 36, p. 424. A argumentação segue de perto algumas ideias do valioso: COWDREY, H.E.J. *The Age of Abbot Desiderius: Montecassino, the Papacy, and the Normans in the Eleventh and Early Twelfth Centuries*. Oxford: Clarendon, 1983, p. 107-176.

lar um compromisso não com a realidade romana e seus personagens, mas com a posição de abade no jogo de forças então travado pelos poderosos peninsulares. Este olhar simplifica Bento IX, reduz sua existência histórica a um estereótipo, emoldura-o como figura-síntese de vilanias que grupos de interesse atribuíam uns aos outros visando incriminar o competidor pelo poder. Desidério havia transformado a biografia de Bento em arma ideológica e, ao vertê-la para o manuscrito, fez dela um recurso disponível para outras guerras de classificação.

### 5

Em 1085 ou, quem sabe, 1086, Bonizo, bispo de Sutri, compôs páginas obstinadas contra o tempo. Em *Livro para um amigo*, cujo texto havia sido concebido para instruir um aliado sobre as constantes provações suportadas pelo Papa Gregório VII, a posteridade descobriria, por muitas vezes, uma narrativa de valia histórica. Com um tom controverso e comentários que ressoam o timbre do implausível, fato é que o *Livro* perpassa episódios de modo peculiar, com pormenores ímpares. "Naquela época [assim tem início uma nota sobre idos de 1040], Teofilato, que mudou seu nome para Bento e não temia a Deus nem recuava perante homem, após cometer muitos adultérios torpes e assassinatos com suas próprias mãos, finalmente – uma vez que desejava tomar uma prima por esposa, qual seja, a filha de Gerardo de Saxo, e que este declarou que nunca a cederia exceto se ele desistisse do papado – veio a certo sacerdote dito João, que era então considerado homem de grande mérito." Ao que se segue um arremate: "levado por seu conselho, ele condenou a si mesmo e renunciou ao papado"[30]. Aludindo a uma vida torpe e decretando a culpa do papa por matrimônios violados e vidas ceifadas, Bonizo narrava Desidério que narrava Liudprando. Costurando textos, o bispo de Sutri esticou o estereótipo, que cresceu a ponto de não deixar espaço ao protagonista das memórias de dez anos antes: o "povo romano" não aparece em cena. Já não é a revolta de todos como um só que retirara Bento do trono petrino, mas uma renúncia movida por paixão, o desejo por se

---

30. BONIZO DE SUTRI. *Liber Ad Amicum*. MGH Ldl, v. 1, p. 584. Para as citações de Bonizo também recorri à tradução inglesa: ROBINSON, I.S. *The Papal Reform of th Eleventh Century: lives of Pope Leo IX and Pope Gregory VII*. Manchester: Manchester University Press, 2004, p. 158-261. Alguns exemplos de estudos que recorreram ao *Liber Ad Amicum* como uma narrativa de valor historiográfico: GATTO, L. *Bonizone di Sutri e il suo Liber ad Amicum: richerche sull'età gregoriana*. Pescara: Editrice Trimestre, 1968. • GATTO, L. Urbano II nella testimonianza di Bonizone, vescovo di Sutri e di Piacenza. *Clio*, v. 28, 1992, p. 5-22. • DEMPSEY, J.A. From Holy War to Patient Endurance: Henry IV, Matilda of Tuscany, and the Evolution of Bonizo of Sutri's Response to Heretical Princes. In: CLASSEN, A.; MARGOLIS, N. (eds.). *War and Peace – Critical Issues in European Societies and Literature 800-1800*. Berlim/Boston: De Gruyter, 2011, p. 217-252. A seguir, uma nota um tanto desafiadora. Vale a pena recordar que *La Réforme Grégorienne*, a trilogia que emoldurou Gregório VII como figura-síntese de toda segunda metade do século XI e cujo texto apresenta nítido viés católico, descartava o livro de Bonizo como narrativa relevante para a investigação factual, observe: "A Itália não produziu, no tempo de Gregório VII, nenhum historiador do papado. Não saberia estimar como tal a Bonizo de Sutri, cujo *Liber ad Amicum* não se pode pretender que seja classificado entre os cronistas" (FLICHE, A. *La Réforme Grégorienne – Grégoire VII*. Vol. 2. Lovaina: Spicilegium Sacrum Lovaniense, 1926, p. 52-53.

unir à filha de Gerardo de Galeria – aqui designado "de Saxo". A vilania do tusculano projeta imensa sombra sobre os romanos, que, é de se supor, suportavam passivos incontáveis adultérios e assassinatos. Quase uma década depois, Bonizo multiplicou a aversão dos *Diálogos* pela linhagem de Túsculo e fixou a "perversidade" congênita como causa suficiente para dizer o passado.

É emblemático que o bispo tenha encontrado em um arranjo matrimonial a razão para o fim do pontificado de Bento. Não que o episódio fosse uma invencionice, já que a menção a um "casamento ilícito" consta noutro documento, um relato imperial redigido alguns anos antes. Porém, verídica ou não, a notícia de todo modo guardava a importância de colocar o laço fundador de linhagens no centro da trama, atrelando a instabilidade do papado à maneira romana de perpetuar grandes famílias. Na narrativa de Bonizo, o poder pontifício não governava os Tusculanos, a linhagem de "capitães". A estirpe controlava a paz e a estabilidade de que a Igreja podia dispor. À primeira vista, isto soa contraditório. Afinal, Bonizo era fervoroso partidário de Gregório VII, papa entre 1073 e 1085. Como poderia o bispo, gregoriano zeloso, rebaixar à dependência da política local a instituição que considerava cabeça de toda a Cristandade, superior ao próprio imperador? A resposta é simples. Em 1085 e 1086, os aliados de Gregório eram um grupo disperso e desolado. Roma foi perdida para a corte imperial. Após uma guerra civil longa e inconclusiva, o Rei Henrique IV negociou o ingresso das forças imperiais e instalou um novo papa no palácio de Latrão. Resgatado pelos normandos – os mesmos que ameaçara de excomunhão cinco anos antes –, Gregório morreu no exílio, em Salerno, derrotado. Uma das razões que levou Bonizo a compor *Livro para um amigo* foi a busca por respostas para a catástrofe. Sua visão sobre Bento IX é o esboço de uma delas: obedientes à natureza que pulsava em suas veias, os poderosos de Roma estiveram, desde muito antes da luta com o império ser deflagrada, afastados da causa santa, eram hostis ao sacerdócio desde o berço. A rendição da cidade a Henrique IV, em março de 1084, era, assim, o recente fruto daquela torpeza já visível em Bento e seus parentes[31].

---

31. Sobre o contexto dos anos de 1080, cf.: FIORE, A. *The Seigneurial Transformation: power structure and political communication in the countryside of Central and Northern Italy, 1080-1130*. Oxford: Oxford University Press, 2020, p. 3-49. Longe de ter sido uma causa distante, a catástrofe gregoriana foi desventura pessoal para Bonizo: elevado a bispo de Sutri nos anos de 1070, foi expulso da sé "em razão de sua fidelidade a São Pedro" – assim assegurou o cronista Bernold de Saint Blasein. Como enfatizou, I.S. Robinson, tradutor do *Livro para um amigo*, Bonizo jamais recuperou o bispado, que se tornou uma praça-forte de adesão a Clemente III, o eclesiástico que Henrique IV entronizou em substituição à Gregório VII. Capturado em 1082, permaneceu em cativeiro por anos, talvez até 1086. Em algum momento dos dois anos seguintes, foi eleito bispo de Piacenza pela ala gregoriana do clero, mas ao preço de conflitos com os diocesanos. A tensão culminou, em 1089, com Bonizo cegado e mutilado. Cf.: ROBINSON, I.S. *The Papal Reform of the Eleventh-Century: lives of Pope Leo IX and Pope Gregory VII*. Manchester: Manchester University Press, 2004, p. 38-41. Bernoldo é uma das principais fontes a respeito da trajetória eclesiástica de Bonizo: BERNOLDO DE REICHENAU. *Chronicon*. MGH SS, v. 5, p. 437, 448-450. Para o contexto de sua elevação ao episcopado, há relevantes informações fornecidas por um apologista imperial: BENZO DE ALBA. *Ad Heinricum IV*

"Após ter conquistado para si quase todos os romanos através de dinheiro, terror e força, [...] ele [Henrique] decidiu ordenar Guiberto na sé de São Pedro, para desonra e infâmia de toda a Igreja"[32]. Dinheiro, terror, violência. Na imagem de Bento IX, Bonizo antecipava as razões que, a seus olhos, levaram à perda de Roma para o exército imperial. Cristalizava-se a imagem do papa como encarnação dos piores males, a síntese ambulante de excessos e abusos incomensuráveis. Descrevendo Bento, o bispo de Sutri contornava a precariedade intrínseca à posição gregoriana de meados dos anos de 1080, pois assegurava que Gregório VII enfrentara ameaças gravíssimas e profundamente entranhadas no tecido social cristão. A esta altura da história era necessário que Bento fosse incomparavelmente corrupto e brutal. Pois tal existência era relevante à manutenção da imagem de retidão de quem, como o narrador, mantivera-se fiel a quem fora abandonado pelos romanos. E não só entre gregorianos. Ideólogos imperiais também recorreram à *mala fama* de Bento para situar a origem de infortúnios enfrentados e, assim, conferir uma dimensão tangível às causas da humilhação e da derrota. Assim fez Beno, cardeal presbítero dos santos Martinho e Silvestre.

---

*Imperatorem Libri VII*. MGH SS, v. 11, principalmente, p. 607-608; além, claro, dos livros VII a IX do próprio *Liber Ad Amicum*. O relato imperial que menciona o "casamento ilícito" de Bento IX, como comentado no início do parágrafo, é: *Annales Altahenses*. MGH SS Rer. Germ., v. 4, p. 42. Cf. tb.: SAGULO, S. *Ideologia Imperiale e Analisi Politica in Benzone, vescovo d'Alba*. Bolonha: Clueb, 2003.

32. BONIZO DE SUTRI. *Liber Ad Amicum*. MGH Ldl, v. 1, p. 614.

Porta-voz dos doze cardeais que no começo de 1084 desertaram da obediência ao papa, Beno redigiria *Escritos contra Gregório VII e Urbano II* para persuadir os cristãos a respeito dos "gravíssimos e intoleráveis erros" cometidos por Sua Santidade. Mas, sob sua pena, tais erros foram, ao menos em parte, consequências de um sinistro aprendizado junto a "pseudoprofetas [...] de face humana e cauda de escorpião, lobos escondidos sob a pele de ovelhas, [...] entre os quais a religião não possui fragrância alguma, a não ser a perfídia e a avareza"; aqueles "que, penetrando nas casas de viúvas, conduziam, cativas, mulheres oprimidas para o pecado e que, impingidos pela ocasião, aplicavam-se aos erros espirituais pelas doutrinas dos demônios". Entre aqueles que mestre Hildebrando – nome de batismo de Gregório – aceitou como seus mestres, estava "Teofilato, que foi nomeado Papa Bento IX". Versado nas "artes mágicas", Bento realizava sacrifícios para demônios após percorrer bosques e montes com mulheres, conforme "testemunhavam alguns livros encontrados em sua casa". Ele obtivera a Sé Apostólica "de modo fraudulento" e, quando Conrado II faleceu, "tramou com seus cúmplices contra o filho do imperador, o Imperador Henrique, para perturbar sua sucessão ao Império e semear diversos cismas na Igreja"[33]. Avaren-

---

33. CARDEAL BENO. *Contra Gregorium VII et Urbanum II*. MGH Ldl, v. 2, p. 376-378. Os "Escritos" foram redigidos, anos depois, mas parece-me que os eventos de 1084 – retrocedendo até 1082, ocasião em que uma parcela do cardinalato romano, entre os quais o próprio Beno, opôs-se ao emprego de rendas papais para financiar

to, luxurioso, demoníaco, Bento permite saber por que, nos últimos quarenta anos, tantas ameaças às prerrogativas imperiais surgiram em meio ao alto clero pontifício. Com uma verve ainda mais intensa do que a de Bonizo, a narrativa captura sua biografia para fixar em Roma o polo em que eram concentradas ameaças maciças contra a correta ordem cristã, justificando as campanhas imperiais contra a cidade e seu bispo como vitais à existência da verdadeira religião.

Às vésperas do século XII, a imagem de Bento estava firmemente assentada como prova cabal da "antiga avareza dos romanos" – conforme escreveu o Anônimo Haserensis nos mesmos anos de 1080 –, que a tudo corroía, quer se tratasse de bem terreno ou espiritual. Era uma poderosa figura retórica, eficiente para deslegitimar a aristocracia romana como um todo e justificar a diminuição do controle que exercia sobre a cidade que, de um modo ou de outro, repercutia sobre a dominação exercida por normandos, teutônicos e itálicos; abades, imperadores e cardeais. Bento IX era símbolo, o viés através do qual era possível pôr em palavras a representação social já existente, formada em outro lugar, sobre a elite romana. Simbolismo que seria perpetuado por historiadores e historiadoras.

---

a resistência militar ao exército de Henrique IV – são capitais para compreender seu discurso. Para tal, são úteis as leituras de: ZAFARANA, Z. Sul "conventus" del clero romano nel maggio 1082. *Studi Medievali*, s. 03, v. 7, 1966, p. 399-403. • ROBINSON, I.S. *Henry IV of Germany, 1056-1106*. Cambridge: Cambridge University Press, 1999, p. 211-235.

**6**

"Em Bento IX, o papado atingiu a máxima profundidade de degradação moral". Assim Ferdinand Gregorovius resumiu o significado daquele personagem na *História da Cidade de Roma na Idade Média*. Escrita entre 1859 e 1872, a colossal obra de milhares de páginas influenciaria o estudo da história no século seguinte. Maestro Gregorovius não era um autor lacônico. Como era de seu feitio, a conclusão se desdobrou em comentários eloquentes. "As condições existentes em Roma eram aparentemente tais que nos levariam a modificar nossa opinião até mesmo sobre o período de João XII", especulou o erudito numa anotação que revela quão bem-sucedido foi Desidério ao buscar em João a medida do passado. A época ultrapassava em maldade os anos sombrios dos Bórgia, assegurou, pois Bento era mais infantil do que Calígula, mais criminoso do que Heliogábalo. Do Império Romano à Renascença Italiana não havia quem o superasse em desumanidade. Era como "se um demônio [vindo] do inferno, no disfarce de um padre, ocupasse a cátedra de Pedro e profanasse os sagrados mistérios da religião com suas insolentes maldições", consta noutro trecho que poderia ter sido escrito pelo Cardeal Beno. Gregorovius prossegue: "ele e sua família encheram Roma com roubo e assassinato; todas as condições legais haviam cessado"[34].

---

34. GREGOROVIUS, F. *History of the City of Rome in the Middle Ages*. Vol. 4. Londres: George Bell & Sons, 1904, p. 1, 42-43, 47.

Lá estava, embrulhada entre tantos julgamentos cintilantes, uma informação sutil e, por isso, silenciosamente incorporada pelas gerações seguintes de estudiosos. Bento IX era um homem de seu tempo, de uma época em que toda forma de poder era voluntariosa e arbitrária. De estilo sóbrio, o Reverendo Horace Mann, autor de outra colossal coleção, *Vidas dos papas durante a Alta Idade Média*, ecoaria um argumento semelhante nos idos da década de 1920: "a cidade de Roma foi mantida em tumulto perpétuo por sua vida violenta e igualmente imoral" "Vindo de uma família poderosa [...], vivendo em um meio corrupto, ele se comportou mais como um senhor secular do que como um papa". A frase foi retirada do verbete "Bento IX" do *Dicionário de História e Geografia Eclesiásticas*, publicado em Paris, 1935. Quando E. Chamberlain compôs o famoso *Os papas maus*, em 1969, era possível descer prateleiras de obras contendo o argumento de que Bento era o reflexo da "casa de Teofilato", uma criatura gerada pela tirania do mais poderoso ramo da aristocracia romana. "Roma estava em caos total, e as únicas condições nas quais o jovem papa emerge plenamente de seu pano de fundo sombrio é quando ele está lutando por sua vida e ofício contra um súbito ataque." Distantes cem anos, Chamberlain escrevia como se tivesse acabado de ouvir Gregorovius em viva voz[35].

---

35. A citação de Mann foi retirada de: MANN, H.K. *The Lives of the Popes in the...*, v. 5, p. 239. Quanto à frase extraída do DHGE, cf.:

Nesse mesmo meado de século, a imagem da aristocracia romana como uma força predatória da qual Bento era o reflexo sinistro seria reforçada pelo sucesso de uma teoria a respeito da civilização medieval, a chamada *Mutação feudal*. Desdobrando o estudo pioneiro concluído por Georges Duby, a teoria consistia, em linhas gerais, na tese de que a plena instalação do feudalismo no Ocidente havia sido um processo social relativamente curto, compreendendo as décadas ao redor do ano 1000. Segundo essa teoria, as estruturas sociais herdadas da Antiguidade tardia e do Império Carolíngio teriam sido substituídas por outras, de tipo senhorial e feudal, fazendo com que novo edifício social fosse erguido ao longo do continente em pouco mais de meio século. O processo teria tido o compasso das revoluções, transcorrendo como uma mutação radical, turbulenta. Novas formas de controle político, caracterizadas por laços de dependência pessoal, forçaram a redefinição completa dos grupos sociais, empurrados para a experimentação de ideologias e formas de exploração, tanto entre laicos quanto entre eclesiásticos. Os medievais teriam vivido a aceleração da história na forma de uma longa tempestade social: como uma generalização dos abusos senhoriais, do extravasamento sem peia de opressões, destruições e violências de toda espécie – concluíam os adeptos da "mutação"[36].

---

BAIX, F.; JADIN, L. *Benoit IX...*, p. 102. Por fim, a passagem de *The Bad Popes* consta em: CHAMBERLIN, E.R. *The Bad Popes...*, p. 67.

36. DUBY, G. *La Société aux XI^e et XII^e siècles dans la Région Mâconnaise*. Paris: École des Hautes Études en Sciences Sociales, 1953.

Um novo figurino encontrava-se à disposição para o antigo estereótipo: expoente aristocrático, Bento deveria ser encarado como um previsível efeito colateral da "anarquia feudal" deflagrada pela primeira revolução europeia. Assim o encontramos caracterizado no século XXI: como uma existência que, atropelada pela vertiginosa marcha da história, foi deixada com as entranhas expostas pelo próprio tempo, com as vísceras de poder brutal e corrupto inteiramente à mostra. Senhor feudal, Bento estava na posição de protagonista, mas era incapaz de seguir o compasso da própria época. Suas ações e decisões estavam acorrentadas ao mundo de ontem, quando todo governo era exercido dentro dos estreitos horizontes do âmbito local. Aqui vai outro exemplo. Folheemos um livro que alcançou relevância nas últimas décadas; refiro-me a *Reforma e o papado no século XI*, lançada em 2005 pela estudiosa britânica Kathleen Cushing. Segundo ela, "não pode ser negado que as famílias aristocráticas romanas tais como a casa de Teofilato [...], que detiveram o papado de 1012 a 1046, frequentemente preenchiam as piores expectativas dos cronistas contemporâneos ao usar o papado como um meio para obter e consolidar poder político". Mas, o texto avança: "eles não eram, de modo algum, diferentes em seu comportamento das famílias

---

• DUBY, G. *As três ordens ou o imaginário do feudalismo*. Lisboa: Estampa, 1994. • DUBY, G. *O ano mil*. Lisboa: Ed. 70, 1992. • POLY, J.-P.; BOURNAZEL, E. *The Feudal Transformation, 900-1200*. Nova York: Holmes & Meier, 1991. • BOIS, G. *La revolución del año mil*. Barcelona: Crítica, 2000.

aristocráticas em outras cidades italianas ou qualquer outro lugar na Europa ocidental"[37]. A caracterização reverbera um princípio caro à Mutação feudal; qual seja, a ideia de que as multifacetadas aristocracias do continente convergiram, por volta do ano 1000, para a unidade de comportamentos: eram incontrolavelmente transgressoras da lei e da paz. Igualmente afetadas pela "revolução", elas seriam, a partir de então, marcadas por características generalizáveis como um fato europeu. No século XI, a figura de Bento IX absorveu a certeza de corrupção imputada a Roma; agora, a todo o Ocidente.

Irrigando os canteiros da história, sutilmente, a teoria vai nos conduzindo à certeza de que, se o papado era reverenciado na Cristandade e reconhecido como ápice espiritual nos diversos quadrantes do mundo latino era porque a instituição permanecia universal, apesar daqueles que a ocupavam. Em outras palavras, vista por tais lentes, a corrupção papal dizia respeito à aristocracia, não à Igreja. "Mesmo por muitas décadas após a coroação de Oto I [em 962], o papado afundou ao seu nadir absoluto. Ou, talvez, seja seguro dizer que foram os próprios papas que afundaram. O papado continuou a impor respeito." Retirada de um compêndio de estudos lançado em 2016, essa citação imprime força ao argumento de que a Igreja medieval era um circuito fechado de instituições, à parte

---

37. CUSHING, K.G. *Reform and the Papacy in the Eleventh Century...*, p. 22.

do mundo feudal; e que a imagem de Bento IX deve ser presa com alfinete sobre páginas reservadas a esse último, ao mundo de poderes laicos[38]. Assim, um milênio depois, a modelagem ideológica realizada por Desidério, Bonizo, Beno e outros mantém seu traçado original. É preciso que Bento seja visto como homem unidimensional, com as práticas corruptas absorvendo sua existência, englobando sua biografia em uma totalidade monótona, pois esse é um preceito necessário à coerência de certos enredos historiográficos, como, um dia, foi vital para a coerência das estratégias de perpetuação política de abades, bispos, imperadores e aristocratas.

---

38. NOBLE, T.F.X. Narratives of Papal history. In: SISSON, K.; LARSON, A.A. (ed.). *A Companion to the Medieval Papacy: growth of an ideology and institution*. Leiden: Brill, 2016, p. 24.

# 2
# A VENDA DO PAPADO: O DINHEIRO, O SAGRADO E A PACTUAÇÃO PELO PODER*

> *A vida não é ilógica, mas é uma armadilha para os lógicos. Parece um pouco mais matemática e regular do que realmente é; sua exatidão é óbvia, mas sua inexatidão é oculta; sua exuberância repousa à espreita.*
> Gilbert Keith Chesterton, 1908.

**1**

Em 10 de março de 1045, o Papa Bento IX parecia consumar o fim da revolta que o expulsou de Roma seis meses antes. Ao excomungar João, o bispo da Sabina, escolhido pelos sublevados para ocupar o trono papal, ele fazia saber que a tentativa de substituí-lo havia sido uma

---

*. Este capítulo deriva de um estudo originalmente submetido à *Revista Varia Historia*, em 2022, com o título "Non Parva ab eo Accepta Pecunia: sucessão papal, simonia e racionalidade econômica (1044-1046)" [2023, no prelo].

violação profana, indigna de todo batizado, e reafirmava a autoridade de pastor do "povo romano". Quarenta e nove dias depois da ascensão, João retornava para Sabina banido do convívio cristão, enquanto Bento voltava a agir como senhor da cidade. Mas reaver o controle sobre vielas e pontes ao redor da Basílica de São Pedro e do Castelo de Sant'Angelo não era reconquistar corações e mentes. A insatisfação do rebanho não podia ser arrebatada por cavaleiros ou abolida por decreto. "Então, o mencionado Bento, não suportando o povo romano, renunciou por carta à honra de seu próprio pontificado" – esclarecem os *Annales Romani*. No início de maio, quase dois meses após reassumir o governo com o apoio de tropas trazidas do interior por aliados e acorrentar espiritualmente o rival eclesiástico, Bento entregou as chaves celestiais a "João, arcipreste [da igreja] de São João junto à Porta Latina, seu padrinho, a quem [os romanos] colocaram o nome Gregório"[39].

A renúncia de Bento é motivo suficiente para atrair atenções incomuns. Primeiro, por ter sido voluntária. Longa era a lista de papas assassinados, exilados, depostos. Porém, pouquíssimos haviam descido do trono enquanto detinham as rédeas do destino do bispado. Aliás, é possível considerar 1045 a primeira ocasião em que isso ocorreu. Deixo tais comparações de lado[40]. Não me dete-

---

39. DUCHESNE, L. (ed.). *Liber Pontificalis*, v. 2, p. 331. • BERNOLDO DE REICHENAU. *Chronicon*. MGH SS, v. 5, p. 425. • ANNALES ADMUNTENSES. MGH SS, v. 9, p. 574. Cf. tb.: BORINO, G.B. *L'Elezione e la deposizione di...*, v. 39, n. 1, p. 177-178.

40. Esse tema, no entanto, conta com ampla bibliografia, em grande medida impulsionada pela renúncia de Bento XVI, em 2013. Alguns

rei sobre tal possibilidade, pois gostaria de dirigir nossa atenção para algo específico. Há nesse episódio um pormenor intrigante: o que quer dizer "renunciou por carta"? É preciso levá-lo em alta conta por que as possibilidades que este detalhe coloca em jogo conduzem a passados distintos. Por um lado, pode significar que a transferência da autoridade contou com um registro escrito. Neste caso, "carta" seria alusão a uma folha de papiro ou pergaminho, tão somente ao suporte sobre o qual foi gravada e confirmada a decisão de demitir-se. Por outro lado, esse também era o nome reservado a algo mais complexo. Ao instrumento por meio do qual eram concretizadas as transações de compra, venda e concessões de bens móveis ou, o que era ainda mais comum, imóveis. Neste segundo caso, "carta" é a evidência para uma constatação repleta de consequências: a abdicação foi conduzida como transferência patrimonial e envolveu dinheiro. Já não se trata de um despojamento espiritual confirmado por escrito, mas de vender os dons da graça, de ter lançado mão do cuidado das almas como quem dispõe de um bosque, um moinho ou um vinhedo[41].

---

exemplos: LABARGA, F. La renuncia de Benedicto XVI a la luz de la Historia. *Scripta Theologica*, v. 45, 2013, p. 477-488. • RUSCONI, R. *A grande renúncia: por que um papa se demite?* São Paulo: Loyola, 2013. • GIGLIOTTI, V. *La tiara deposta: la rinuncia al Papato nella Storia del Diritto e della Chiesa.* Florença: Olschki, 2014. • BRAND-MÜLLER, W.C. Renuntiatio Papae: some historical-canonical reflexions. *The Jurist: Studies in Church Law and Ministry*, v. 76, n. 2, 2016, p. 311-325.

41. Para as acepções de *charta, chartulam*, baseei-me no *Glossarium Mediae et Infimae Latinitatis*, de Charles Du Cange (1610-1688) e

**2**

Em se tratando dos envolvidos, algumas informações adicionam certeza ao enredo de uma negociata mundana, emprestando-lhe a aparência de história cabal, indisputável. A começar por Bento. Nos relatos sobre sua elevação consta que o segundo filho do Duque e Cônsul Alberico III chegou ao Palácio de Latrão percorrendo uma via pavimentada pela fortuna paterna. "Contrariamente a toda lei e justiça [escreveu Raul Glaber, um monge contemporâneo à renúncia, ele] havia sido ordenado nessa Sé; à qual recomendaram ouro e prata, não idade e santidade." Era impossível que a idade o recomendasse, pois Teofilato – o nome de batismo – não passava de "uma criança de cerca de 12 anos" quando ocorreu o "infeliz ingresso" na vida eclesiástica. No início do século XX, o historiador britânico Reginald Poole argumentou convincentemente que Glaber exagerava. A idade atribuída não condiz com a biografia de Alberico, sendo mais provável que Teofilato fosse homem feito, à beira dos trinta anos. A alusão ao dinheiro, contudo, permaneceu estimada como verídica. "Naquele tempo, quando [...] o conde palatino de nome Alberico [...] possuía um filho bastante jovem, chamado Teofilato, [este], tendo sucedido ao santíssimo Papa João por meio de diversas doações aos soldados romanos, foi ordenado pontífice." Como se vê, a *Vida e os milagres do*

---

outras referências, todas disponíveis na base de dados *Logeion*, da Universidade de Chicago: https://logeion.uchicago.edu/ – Acesso em 01/06/2022.

*Papa Leão IX*, escrita após a morte deste em 1054, ecoa o monge, ao descrever guerreiros sendo privilegiados por generosas doações. Em 1058, Humberto, o Cardeal de Silva Cândida e homem forte da cúpula papal, escreveu: "a memória ainda guarda este furor de muitas vendas recíprocas que grassavam pela Germânia, Gália e Itália desde a época de Oto até a do Imperador Henrique, de divina e augusta memória, filho de Conrado". Dos anos de 960, tempo de Oto I, a 1056, quando faleceu Henrique III, prelados como Bento eram notoriamente simoníacos – traficantes da dignidade de bispo[42]. Ocorre que Gregório VI

---

42. Duas informações, frequentemente veiculadas a respeito da biografia de Bento IX, dependem diretamente da narrativa de Raul Glaber. A primeira, que teria sido elevado a pontífice com "cerca de 12 anos de idade". A segunda, que teria sido expulso de Roma numerosas vezes: a revolta de 1044, discutida no capítulo anterior, teria sido precedida por outras, que, usualmente, são situadas em 1033 e 1036-1038. Ambas as informações foram desautorizadas como implausíveis no atual estado de nossos conhecimentos e explicadas como decorrendo da sobreposição, por parte de Glaber, de referências díspares quanto a eventos ocorridos após a virada do milênio. Uma referência representativa da revisão operada por numerosos autores há mais de um século é: CAPITANI, O. Benedetto IX, papa. *Enciclopedia dei Papi*. Roma: Treccani, 2000 [Disponível em https://www.treccani.it/enciclopedia/papa-benedetto-ix_%28Dizionario-Biografico%29/ – Acesso em 01/06/2022]. Passo às citações constantes no parágrafo. A passagem de Raul Glaber encontra-se em: BULST, N.; FRANCE, J.; REYNOLDS, P. (eds.). *Rodulfus Glabert – The Five Books of the Histories*. Oxford: Clarendon, 2002, p. 252. Quanto ao trecho da *Vida e os milagres do Papa Leão IX*, cf.: PONCELET, A. Vie et Miracles du Pape S. Léon IX. *Analecta Bollandiana*, 1906, v. 25, p. 275. A respeito do Cardeal Humberto de Silva Cândida, cf. HUMBERTO DA SILVA CÂNDIDA. *Adversus Simoniacos*. MGH Ldl, v. 1, p. 206. Porém, minha principal referência foi a edição normatizada de: ROBISON, E.G. *Humberti Cardinalis Libri Tres Adversus Simoniacos: a*

também passaria à posteridade assim. Em dezembro de 1046, diante de uma assembleia de bispos e monges reunidos em Sutri, o outrora arcipreste admitiu as acusações de que comprara o bispado e, declarando-se simoníaco, removeu as insígnias papais e ofereceu-as à audiência[43].

Apoiada sobre confissão, considerada então a rainha de todas as provas, a sentença emitida no concílio se tornou a síntese da verdade. Vinte ou trinta anos depois, os *Annales Altahenses* provavelmente baseavam-se nela para dispor toda sequência de eventos assim: "os romanos, conjurados como um só, substituíram-no [Bento] por outro, enquanto aquele seguia vivente na carne. Em seguida, o primeiro vendeu aquele governo [da Santa Sé] por um preço a um terceiro [Gregório]". Na virada para a década de 1080, o monge irlandês conhecido como Mariano Escoto se referiu à ilegalidade da sucessão papal "em razão de este [Bento] ter vendido o seu papado" e a como ambos, "comprador e vendedor da graça espiritual como Simão Mago, foram igualmente anatemizados". A men-

---

*critical edition with na introdutory essay and notes.* Tese de doutorado. Departamento de História da Princeton University, 1971, p. 284.

43. Dúzias de documentos mencionam a assembleia de Sutri, que conta igualmente com uma bibliografia gigantesca de estudos acumulados desde o século XIX. Aqui, com a alusão ao gesto de Gregório de descer do assento pontifício e remover, ele próprio, as vestimentas pontifícias – a deposição das insígnias –, reporto a leitura à narrativa de: DESIDÉRIO DE MONTE CASSINO. *Dialogi de Miraculis Sancti Benedicti.* MGH SS, v. 30/2, p. 1.142-1.143. Para a visão geral do concílio, cf. WIJNENDAELE, J. Silences et mensonges autour d'un concilie – Le concile de Sutri (1046) en son temps. *Revue Belge de Philologie et d'Histoire Année*, v. 83(2), 2005, p. 315-353.

ção à condenação conjunta é uma referência ainda mais palpável no Sínodo de Sutri. Na passagem de século, outro religioso, Leão de Mársica, também recordaria o episódio sem palavras tímidas. Ao redigir a *Crônica do Sagrado Mosteiro de Monte Cassino*, ele foi explícito: "percebendo que era odiado por todos, [Bento] vendeu o papado – oh, desdita! – a um arcipreste chamado João, que se acreditava ser bastante religioso, mediante o recebimento de grande montante em dinheiro". O tom assertivo entabulado pelo religioso lembra a clareza de um veredito conciliar. "Um mês depois [de recuperar o controle sobre Roma, Bento] vendeu [o papado] a João": mais de setenta anos depois do fato, o redator da *Crônica da Abadia de Farfa* se confundia quanto ao intervalo de tempo em que Bento persistiu no poder, mas não a respeito da maneira como o deixou[44]. Tais relatos são apenas uma amos-

---

44. Para a citação dos *Annales Altahenses*, cf. ANNALES ALTAHENSES MAIORES. MGH SS rer. Germ., v. 4, p. 42. Quanto à menção realizada por Escoto, cf.: MARIANO ESCOTO. *Chronicon*. MGH SS, v. 5, p. 557. Já a passagem extraída de Leão de Mársica consta em: CHRONICA MONASTERII CASINENSIS. MGH SS, v. 7, p. 682. Por fim, para a Crônica da Abadia de Farfa, cf.: BALZANI, U. (ed.). *Il Chronicon Farfense di Gregorio di Catino*. Vol. 2. Roma: Tipografi del Senato, 1903, p. 244-245. Com este parágrafo começo a esboçar um argumento que, algumas páginas à frente, ganhará fôlego e ocupará explicitamente o primeiro plano da argumentação. Refiro-me ao fato de que agrupei os relatos que mencionam a "venda do papado" segundo um critério geracional. Os *Annales Altahenses* foram redigidos após 1073 no mosteiro beneditino de Niederaltaich. Embora mais tardia, já que redigida no tempo do Abade Oderísio (1087-1105), a passagem da Crônica de Monte Cassino baseia-se nos "Diálogos" do Abade Desidério, ditados a partir de meados dos anos de 1070. Mesma época em que Mariano Escoto redigiu a crônica na Igreja de Mainz: GRAEME, D. (ed.). *The Encyclopedia of the Medieval Chronicle*. Lei-

tragem. Uma correnteza de documentos vai nos levando consigo, arrastando a leitura rumo à certeza de que a "carta" mencionada nos *Annales Romani* foi, de fato, um manuscrito infame, um contrato inconfessável de compra e venda, uma garantia assinada em total desprezo pela integridade do ofício papal.

Todavia, isso não esgota o tema. Alguns contemporâneos mencionam tramas mais intrincadas. Trata-se de descrições mais densas, marcadas por sutilezas que, por sua vez, podem ser ofuscadas pela "nitidez" da venda do papado. Que a transparência da cena, em alguma medida, ilude, fisgando o olhar para desviá-lo de interesses e motivações cruciais. O que foi dito até aqui é imprescindível, mas não é o bastante. São partes de um quebra-cabeças maior. Devemos nos esforçar para reunir outras peças. Portanto, aqui vamos nós.

### 3

Comecemos por quem se dizia, à época, em guerra aberta contra a simonia. Prior do eremitério de Fonte Avellana, próximo a Gubbio, Pedro Damião era um beneditino de quase trinta anos e conexões influentes junto a magnatas e ao alto clero itálico, incluindo a Igreja de Roma. Sua reação à ascensão do arcipreste João Graciano como Gregório VI foi esta: "que os céus se alegrem, que

---

den: Brill, 2010, v. 1, p. 53, 372; v. 2, p. 1.079-1.080. Os três ilustram o que compreendo ser o horizonte ideológico da "geração clerical de 1080", como enfatizarei no restante deste capítulo.

a terra regozije, e que a santa Igreja exulte, pois ela recuperou sua antiga carta de liberdades". Em uma epístola enviada ao próprio Gregório, Damião o exaltou como o campeão invencível da moralidade e disciplina clericais, aquele que extinguiria a prática de negociar ofícios da Igreja: "que o mercadejar em tal negociata perversa termine e o falsário Simão não possa cunhar nenhuma moeda na Igreja" – disse o prior, fazendo do personagem bíblico Simão o Mago o símbolo que permitia se referir a todos que comercializavam posses e prerrogativas eclesiásticas. Não há suspeita alguma de que o dinheiro tivesse assegurado a passagem da autoridade papal. Damião enxergou em Gregório um homem providencial, a figura imaculada que combateria a ilicitude que era recorrer à riqueza para ingressar no episcopado: "que sob Vossa Prudência a disciplina eclesiástica refloresça. Que seja reprimida a avareza daqueles que aspiram à dignidade episcopal e derrubados os assentos dos agenciadores de dinheiro". O prior tinha uma causa concreta em mente: esperava que Gregório VI interviesse nos bispados de Pesaro, Fano e Castello, cujos prelados sobretaxavam Fonte Avellana ou, para falar como Damião, cujos bispos eram "saqueadores adúlteros, incestuosos e perjuros". Noutra carta, ditada no inverno de 1045 a 1046, ele recorreu uma vez mais a Gregório para que assegurasse a retidão da eleição em Fossombrone, outra diocese vizinha ao eremitério[45].

---

45. Este parágrafo foi redigido tendo por base passagens de duas epístolas de Pedro Damião; são elas: PEDRO DAMIÃO. Epístola 13, 16. MGH Briefe d. dt. Kaiserzeit v. 4/1, p. 143-144, 153-154. Para

As epístolas damianas provocam sensação de aguda incongruência. O Gregório a quem foram enviadas destoa completamente do papa mencionado em outros documentos. Na realidade, o pontífice que aí aparece teria sido um dos mais virulentos acusadores do homem que, mais de um ano depois, se reconheceu como um simoníaco perante o concílio de Sutri. Damião não me chega aos olhos como alguém que idealizasse Roma. Pouco antes da renúncia de Bento, o encontramos em contato com Pedro, diácono e chanceler papal, a quem assegurou: "não ignoro o que seja Roma nesta época [...] [e que fostes capaz de] crescer como lírio branco entre um amontoado de espinhos, [destacado] entre as intrigas". Ciente de que o papado era uma arena de interesses e mantendo contato direto com seus integrantes, Damião não viu na renúncia um episódio de corrupção clerical. Em momento algum ele a caracteriza como transação monetária. Nem mesmo após

---

as citações das cartas de Pedro Damião também recorri à literatura da tradução em língua inglesa: BLUM, O. (ed.). *The Fathers of the Church: Medieval Continuation – The Letters of Peter Damian*. 7 vol. Washington D.C.: The Catholic University of Americ Press, 1989. As cartas pertencem ao que pode ser considerado um subconjunto epistolar, textos remetidos com uma finalidade: protestar a respeito da composição do alto escalão episcopal na região das Marcas, onde Fonte Avellana se situava, e angaria aliados para substituições estratégicas. Neste sentido, cf. igualmente a carta enviada ao Arcebispo Lourenço de Amalfi ao "bispo B." e a Pedro, chanceler papal, cf.: PEDRO DAMIÃO. Epístolas 4, 5 e 11. MGH Briefe d. dt. Kaiserzeit v. 4/1, p. 108-113, 136-139. Cf. tb.: BOVO, C. O combate à simonia na correspondência de Pedro Damiano: uma retórica reformadora do século XI? *Anos 90*, v. 20, n. 38, 2013, p. 75-101. • BOVO, C. Monastic network in Eleventh-Century Italy. *Rivista di Storia della Chiesa in Italia*, v. 71, n. 2, 2017, p. 411-426.

passar a reprová-la. Mais de dez anos depois, em 1059, ele relembraria sobre Bento: "a venalidade tinha intervido e aquele que aceitou foi deposto" em Roma, juntamente com Gregório. Até onde posso ver, essa passagem alude a dinheiro. A frase pode ser lida como "[...] aquele que aceitou dinheiro foi deposto". Contudo, se for esse o caso, é muito relevante que Damião não tenha sido explícito. Ele estava em Roma quando foi reunido, em dezembro de 1046, o concílio no qual João Graciano abdicou. Não se pode descartar que tenha comparecido. Mais de uma década depois, convicto a respeito de uma condenação da qual pode ter sido testemunha, o prior considerava o elemento monetário uma presença implícita de uma transgressão maior, uma "venalidade", vocábulo que designava "venda" e "comércio" desde a Antiguidade, mas também era empregado com acepção mais larga, que incluía prostituição, aliciamento e interferência em processos públicos[46].

### 4

Damião se refere a uma ilicitude maior do que uma operação de compra e venda. A ideia de transação está

---

46. Para a carta dirigida ao Chanceler Pedro, cf.: PEDRO DAMIÃO. Epístola 11. MGH Briefe d. dt. Kaiserzeit, v. 4/1, p. 136-139. A carta de 1059 – na realidade, escrita em algum momento entre dezembro de 1059 e julho de 1060 – foi dirigida ao Pontífice Nicolau II: PEDRO DAMIÃO. Epístola 72. MGH Briefe d. dt. Kaiserzeit, v. 4/2, p. 363. A informação de que Damião pode ter sido testemunha ocular do Concílio de Sutri se baseia em: PEDRO DAMIÃO. Epístola 70. MGH Briefe d. dt. Kaiserzeit, v. 4/2, p. 319.

lá. Dinheiro trocou de mãos para que João Graciano se tornasse papa. Esse, no entanto, não é o núcleo da trama. Um agravante, sem dúvida. Mas um meio a serviço de uma perturbação maior dos assuntos da Igreja. O mesmo pode ser encontrado junto aos fragmentos preservados da correspondência de outro contemporâneo, Clemente II. Trata-se de Suger, bispo de Bamberg, escolhido após as destituições ocorridas em 1046. Em uma carta dirigida ao clero do antigo bispado, Clemente partilhou como havia encontrado a "cabeça do mundo": tomada por "doença herética", que "havia atuado sobre a Sé Romana" provocada pela "rapina" que Bento e Gregório haviam operado "em nome do papado". A condenação é cortante. O que ocorreu em maio de 1045 foi uma associação herética, conluio de inimigos da fé para debilitar o corpo da sociedade, infectando a cabeça. Ditada alguns meses após as deposições, a carta aplica ao caso uma lógica similar ao entendimento do prior de Fonte Avellana: o aspecto monetário foi uma etapa implícita de uma ilicitude de dimensões maiores. Quem consentiu com aquela transmissão de cargo se expôs a um risco triplo. Poderia ser punido conforme as leis humanas, pois foi cúmplice de rapina, um evidente roubo; padecer no corpo – por se expor a uma enfermidade – e na alma – já que a doença, herética, era de natureza espiritual. "[Foram, então,] expulsos da Sé Apostólica, eles que [...] não haviam ingressado pela entrada [do episcopado] [...], mas que [escolheram] se esgueirar por outro lugar como é típico de ladrões e de mercenários – escreveu Clemente em outra carta, que, assim me parece, também visava os eventos de 1045. Falecido menos de uma década depois, Leão IX, outro sucessor dos "clérigos heréticos", referiria-se a ambos como se não tivesse clareza a respeito do que cometeram. Em 1049, ele os reconheceria como legítimos antecessores, mas com a ressalva: "Bento e Gregório, pontífices injustos"[47].

Onde a posteridade viu uma motivação monetária ensolarada, de uma nitidez sem retoque, estes contemporâneos se depararam com comportamentos turvos, envolvidos por uma compacta neblina de generalidades. Isso é particularmente marcante na leitura de *De Ordinando Pontifice*. Redigido em 1047, ou 1048, por um autor que permaneceu anônimo, esse texto, concebido para embasar o protesto contra a pretensão monárquica de destituir bispos, é, em larga medida, um livreto da luta contra a simonia. Contamos somente com parte do manuscrito original, mas aquilo que foi preservado é domi-

---

47. A transcrição da primeira epístola de Clemente II: ADALBERTO. *Vita Heinrici II Imperatoris*. MGH SS, v. 4, p. 800. Quanto à segunda: UGHELLI-COLETI. *Italia Sacra*, v. 2, p. 361. • KEHR. *Italia Pontificia*, v. 5, n. 170, p. 53. A passagem citada de Leão IX encontra-se em: KEHR. *Italia Pontificia*, v. 4, p. 77; *PL* 143, col. 593-594. Jaffé, n. 4.157. No final da vida, no que pode ser considerado uma evidência de um acúmulo de antagonismos entre o papa e a família tusculana, Leão mudou o tom a respeito dos antecessores. Em carta enviada ao Imperador Constantino Monômaco, de Constantinopla, há uma menção ao "tempo em que, outrora, a Sé Apostólica e Santa Igreja Romana foi ocupada não por pastores, mas por mercenários" (Jaffé, n. 4.333). Cf. tb.: BORINO, G.B. Invitus ultra montes cum domno papa Gregorio abii. *Studi Gregoriani: per la sotiria di Gregorio VII e della Riforma Gregoriana*, v. 1, 1947, p. 71, notas 72 e 73.

nado por julgamentos a respeito da compra dos dons do Espírito Santo. O autor revolve a tradição, voltando aos pontífices e concílios da Antiguidade para sustentar argumentos como este: "chega a ser tolo dizer, quando se trata da cátedra apostólica, que não deve ser comprada por dinheiro, mas por méritos". Entretanto, quando se debruça sobre os envolvidos, sobretudo sobre a imagem de Gregório VI, esse mesmo livreto, incisivo e devotado à correção de equívocos muitas vezes sutis, contenta-se com outra medida legal: "se for verdade a fama que veio voando até nós, que ele obteve o nome do apostolado por maldição simoníaca [...] e, pelo tormento da sua consciência [...], expôs aquela maldição..." O arcipreste João é aqui um personagem poroso, de modo que diferentes versões da história invadem sua silhueta. Alguns dizem que partiu em busca de uma soma de dinheiro, pois não possuía o necessário para alcançar o que desejava. "Outros, por sua vez, o desculpam, dizendo que não foi ele quem deu dinheiro, mas teria consentido que o dessem seus amigos e parentes" e que, a seguir, pagou o que gastaram. Os ressarcidos foram atados à mesma excomunhão que recaiu sobre o arcipreste. O autor provavelmente deu crédito a essa última versão para intensificar o ataque à simonia. Afinal, disparou ele, "o Senhor assegurou que vendedores e compradores do Evangelho fossem expulsos do Templo". *De Ordinando Pontifice* não contemporiza, não hesita. E tamanha contundência é a razão para ter considerado que os envolvidos foram maléficos por haver mais do que dinheiro envolvido. Havia a proteção oferecida por outras pessoas, a influência dos parentes. E havia "ódio contra a verdade". Eis o que tornou Bento e Gregório "perversos": ter ocultado como assumiram poder sobre a Igreja. "Que força, que propriedade possuía, o que perdeu? Para quem entregou o que, e o que ele recebeu de quem?" – nas perguntas, a preocupação que vai muito além da atenção ao dinheiro[48].

Bento IX foi "movido por avareza [e] contra a lei canônica". Escrevendo assim, Herman, monge em Reichenau, não estava sendo prolixo. Não é redundância. Havia mais em afrontar as leis dos Santos Padres do que em ser avarento. "Com sua culpa examinada em concílio [...], descobriu-se que eram não apenas simoníacos, mas igualmente usurpadores da Igreja de Cristo" – ratificaria a *Crônica do Mosteiro de Saint Begnine de Dijon*, cujo redator, provavelmente, acompanhou Halinardo, arcebispo de Lyon, até Roma no inverno de 1045/1046[49].

---

48. As citações deste parágrafo foram retiradas de: De Ordinando Pontifice. MGH Ldl, v. 1, p. 9-11.

49. Para o monge de Reichenau, cf.: HERMAN DE REICHENAU. *Chronicon*. MGH SS, v. 5, p. 125. Quanto à Crônica de Dijon: CHRONICON SANCTI BENIGNI DIVIONENSIS. MGH SS, v. 7, p. 237. Herman faleceu em 24 de setembro de 1054 e sua crônica é amiúde considerada "historicamente importante como uma fonte primária bem-informada deste tempo". Cf. GRAEME, D. (ed.). *The Encyclopedia of the Medieval Chronicle*. Leiden: Brill, 2010, v. 1, p. 53, 372; v. 2, p. 780. Por seu turno, Halinardo era abade de Saint Begnine de Dijon quando foi nomeado arcebispo de Lyon mediante a aprovação escrita de Gregório VI. Consagrado em fins de agosto ou início de setembro de 1046,

Que se desconsiderasse a simonia; outras infrações permaneciam. Ainda que se fechasse os olhos para o papel exercido pelo dinheiro, havia a usurpação da Igreja. É seguro dizer que, mesmo com sentença anunciada em Sutri, os contemporâneos viram naquela renúncia não um, mas diversos crimes. A constatação, entretanto, faz uma dúvida pairar sobre o entendimento. O que, então, explica a simplificação da história? Por que as gerações seguintes mantiveram o olhar espetado sobre o dinheiro, como se ele resumisse tudo? E o mais importante: que relevância tem tal adaptação? Devemos nos importar com ela? Eis o que veremos a seguir.

## 5

É nos anos de 1080 que a renúncia de Bento IX passou a ser lembrada como um caso delimitado pelo dinheiro. Tal inflexão já se insinuava no final da década anterior, quando Desidério, abade de Monte Cassino, ditou suas recordações sobre o ocorrido. Em março de 1045, dizia ele: "Bento, infestando a cidade por toda parte com seus parentes, porque nascido de cônsules da terra, homens de grande poder, [...] retornou para seu episcopado". Seu

---

ele participa do sínodo de Sutri, tornando-se, nos anos seguintes, colaborador de Leão IX. A crônica foi composta pouco depois, entre 1058 e 1066. Cf. CHRONICON SANCTI BENIGNI DIVIONENSIS. MGH SS 7, p. 236-237. • BORINO, G.B. *L'Elezione e la deposizione di...*, p. 304-308, 347. • FREYTMANS, D. Gregoire VI était-il-simoniaque? *Revue Belge de Philologie et d'Histoire*, v. 11, 1932, p. 134.

rival, o bispo da Sabina, "havia sido expulso com injúria". Mas o retorno tinha seu fim já selado. "Porque o coração havia endurecido, [...] ele perseverava nas mesmas ações corruptas e perversas que antes." A expulsão não provocara nenhuma conversão. Ele não trazia consigo nenhuma réstia de humildade ou aprendizado sobre prudência. Tudo o que crescia dentro dele era a certeza de que "suas iniquidades seriam repudiadas pelo clero e igualmente pelo povo". Quem retornava era o mesmo homem que sempre preferiu "viver mais como Epicuro do que como pontífice"; isto é, entregue a prazeres, surdo a todas as exigências da disciplina. Contudo, agora, após a revolta ter-lhe ensinado que "a fama de todas as suas façanhas [se espalhava] junto aos ouvidos [do império]", Bento cedeu. "Após ter encontrado o conselho de certo arcipreste João, que então era considerado na cidade o mais piedoso entre todos os clérigos, recebeu desse uma soma nada pequena de dinheiro, renunciando então ao sumo sacerdócio"[50]. A mudança de ênfase é tênue. Talvez, passasse despercebida aos nossos olhos. Mas aí está: uma "soma nada pequena de dinheiro". Com tal fraseado, através do dinheiro, entra em cena uma riqueza à altura dos magnatas locais.

Esse modo de narrar não menciona um mero instrumento dotado de valor de troca, mas um símbolo; o sinal de que se poderia dispor de uma riqueza compatível com

---

50. DESIDÉRIO DE MONTE CASSINO. *Dialogi de Miraculis Sancti Benedicti*. MGH SS, v. 30(2), p. 1.142.

o poder dos "cônsules da terra", sustentáculo da causa de Bento IX. A grande soma transferida ao pontífice não indicava lucro, mas o *status* segundo o qual decisões deveriam ser tomadas. Mencionando-a, informava-se que o gesto do arcipreste reconhecia as implicações sociais de prestígio contidas nas decisões de Bento. O dinheiro serve, aqui, para ratificar uma superioridade social, mais do que para compensar financeiramente. Com ele, João provava publicamente que buscava chegar a um acordo com uma gama de bem-nascidos, não exclusivamente com uma pessoa. A ênfase depositada pelo abade de Monte Cassino sobre quantia, sobre montante, comunicava uma regra informal: em Roma, um grande fluxo monetário era o sinal de dependência das grandes linhagens. Quem lidava com tais fluxos participava de relações sociais controladas pelos laicos. Logo, tornar-se papa assim era subordinar o próprio papado.

O relevo especificamente monetário conferido à renúncia de 1045 contém a crítica a um modelo institucional, o de uma Igreja cuja liderança perpetuava a dominação da elite romana. Esse sentido aflorou, com maior repertório de detalhes, nas palavras escritas por Bonizo de Sutri, entre 1085 ou 1086. A narrativa é a seguinte. Sufocado pela atmosfera da cidade, Bento IX "veio até certo sacerdote chamado João, sobre quem se pensava ser de grande mérito. Segundo seu conselho, ele condenou a si mesmo e renunciou". Dissipando a névoa escura ao redor dos pecados cometidos, redimindo o papado do papa, o arcipreste é aí nesga de luz em paisagem sombria. Mas eis que se descobre que a luz não era chama ardente. Fogo--fátuo, desprovida de calor, era fria como um corpo culpado. "Este conselho teria sido extremamente louvável", diz Bonizo, "se o mais torpe pecado não tivesse, então, ocorrido. Pois este mesmo sacerdote, seduzido pela mais torpe venalidade e dispensando imensas somas de dinheiro, [tomou a oportunidade] [...] e ascendeu ao ofício de papa". O mal reingressa na trama através do dinheiro. É ele que modifica, radicalmente, a natureza da ação, metamorfoseando um bem aparente em uma essência maligna. Diferentemente do que se pode ler em muitos contemporâneos da renúncia, para o bispo de Sutri, a violação tem a exata medida da presença do dinheiro.

**6**

Mas não qualquer dinheiro. Bonizo não enxergou essa força vinculante em outros casos. Há circunstâncias em que perceber relações monetarizadas não o levavam a incriminar quem estivesse implicado. A variação diz respeito ao próprio arcipreste. Ocorre quando são narradas as sessões do Sínodo de Sutri. Estamos em 20 de dezembro de 1046. Sob os olhos vigilantes de Henrique III, João, que governava como Gregório VI há um ano e sete meses, é interpelado pelo plenário eclesiástico para que admitisse a culpa por ter assumido ilicitamente o lugar de São Pedro. "Quando os bispos imploraram a ele que explicasse as circunstâncias de sua eleição, como fosse um homem simples, ele exibiu toda a inocência", prosseguiu Bonizo. Disse que sempre foi sacerdote "de bom caráter e reputação", e que desde a infância mantinha o corpo casto. "À época, isto parecia ser não somente venerável para os romanos, mas quase angélico. Ele disse que, por essa razão, adquiriu grandes somas de dinheiro que ele economizou para reparar tetos de igrejas ou realizar um novo e grande trabalho na cidade de Roma." Chegamos ao fundo da questão. Amealhar fundos para manutenção de igrejas e urbanização figura aí como uma das atribuições que fazem um "sacerdote quase angélico". Bom caráter, reputação, ser casto, juntar moeda: assim se formava a lista de predicados de um pastor ideal. Logo se vê que Bonizo não condenava o envolvimento do clero com finanças. Há algo mais em jogo, seu alvo é outro[51].

Ao ler a passagem pela primeira vez, cogitei que a finalidade fosse a característica determinante. Que dinheiro vinculasse ao ilícito quando servia a um objetivo prejudicial, maligno ou destrutivo. Sendo que havia, claro, o avesso da costura: ele vincularia ao lícito quando surgisse reservado a uma função benéfica ou útil, como reparar telhados ou erguer edifícios. Tal hipótese ruiu rapidamente. Pois aquilo que o texto identifica como "venalidade", o "mais torpe pecado", está atrelado a um propósito redentor: libertar da tirania. De volta ao sínodo. Confron-

---

51. As citações constantes nos dois últimos parágrafos foram retiradas de: BONIZO DE SUTRI. *Liber Ad Amicum*. MGH Ldl, v. 1, p. 584-585.

tado, Gregório relatou que havia reunido a grande soma para restaurar igrejas ou engrandecer a Cidade Eterna. "Contudo, quando seus pensamentos se voltaram com frequência para a tirania dos patrícios e como eles designavam bispos sem qualquer eleição pelo clero e povo, não pôde pensar em nada melhor para fazer com esse dinheiro do que restaurar ao clero e povo o direito de eleição que havia sido injustamente subtraído por tirania." Não obstante a finalidade justa, a conduta foi considerada nefasta. Isto fica lavrado na sentença que o narrador coloca nos lábios do outrora arcipreste: "eu, Gregório [...] julgo a mim mesmo merecedor de ser removido do ofício de bispo de Roma, porque a mais torpe venalidade da heresia simoníaca [...] se infiltrou em minha eleição". A dúvida pode soar ingênua, mas isso não a torna rasa: por quê?

Por que o dinheiro contamina a eleição, mas não a carreira eclesiástica? Por que é louvável empregá-lo para consertar telhados, mas não para restituir "ao povo e clero" a prerrogativa de eleger o próprio pastor? Aqui vai a resposta que gostaria de propor. Nessas narrativas, o dinheiro que corrompe é aquele que se fez romano. Ao mencionar "grandes somas", "somas nada pequenas", Desidério e Bonizo não estavam tentando ser precisos. Essas não eram estimativas contábeis, mas apontamentos sobre a origem dos recursos. A quantidade se referia às amarras sociais em torno de um dinheiro específico, que mudava de mãos dentro do mesmo circuito de relações de influência e poder, aquele movido pelas grandes famílias romanas. Até mesmo a inocência que Bonizo enxerga no Papa Gregório segue essa lógica – penso eu. Pois só "um homem inexperiente e de notável simplicidade" ignoraria a procedência daquilo que amealhou "em grandes somas" para obras e reparos, desconhecendo que tudo o que daí proviesse já estaria subjugado à "tirania dos patrícios" contra a qual ele se erguia. Não era possível desassociar o dinheiro romano dos senhores de Roma, mesmo para o "mais piedoso entre todos os clérigos"[52].

Esse dinheiro em larga escala, derramado aos borbotões, testemunhava a respeito do tipo de participante que ingressava na Igreja, provando que se tratava de uma criatura de índole romana. Esse sentido também foi reforçado pelo Cardeal Beno, único relato que anotou uma cifra para a renúncia de maio de 1045. Segundo ele, ao saber que Henrique III estava em marcha para pôr um fim na "autoria de tantos e notórios feitos cismáticos", Teofilato, "aterrorizado pelo pavor, vendeu o papado para seu cúmplice, o referido João, [...] tendo aceitado dele mil e quinhentas libras [de prata]". Trata-se de um enorme valor, mencionado para incriminar o arcipreste e, através dele, um personagem que foi deixado implícito – Hildebrando, monge que foi eleito Gregório VII em 1073 e do qual Beno havia se tornado inimigo mordaz. Nesta versão, Hildebrando, que havia

---

52. As citações constantes nos dois últimos parágrafos foram retiradas de: BONIZO DE SUTRI. *Liber Ad Amicum*. MGH Ldl, v. 1, p. 584-586.

sido capelão do Papa Gregório VI, protagoniza uma relação dinástica com o arcipreste. Uma relação que surge caracteristicamente laica e consumada em dinheiro: "aquele que ascendeu à Santa Sé pelo grau de iniquidade mudou de nome e foi chamado Gregório VI. [...] Tendo [...] falecido no exílio, Hildebrando se tornou herdeiro da perfídia e igualmente do dinheiro"[53].

Não foi a busca por objetividade ou a clareza de um julgamento distanciado que fez o dinheiro arrebatar memórias e simplificar a renúncia de Bento IX, mas a prioridade ideológica: era preciso fixar a reputação da elite romana como fonte das desordens. Como vimos no capítulo anterior, Desidério, Bonizo e Beno, escrevendo a partir de três campos de forças políticas distintas, tinham isso em comum. A imagem de uma Roma convertida em berço de toda perfídia era útil aos interesses pessoais e às causas encampadas por cada um deles. O destaque conferido ao dinheiro registra algo sobre o ano de 1045, mas, acima de tudo, sobre como a concorrência política da década de 1080 modificou as maneiras de localizar a

---

53. As citações constantes no parágrafo foram retiradas de: CARDEAL BENO. *Contra Gregorium VII. Et Urbanum II.* MGH Ldl, v. 2, p. 377-378. As 1.500 libras de prata são a única cifra que encontrei disposta em uma narrativa. Mas o Abade Louis Duchesne, ao editar o *Liber Pontificalis*, esclareceu que, no manuscrito Vat. 1340, consta, em acréscimo, "[Gregório] que comprou o papado do mencionado Bento por 2.000 libras e foi, em seguida, removido do papado por Henrique, filho de Conrado". Seria uma anotação posterior, um comentário realizado por um leitor ou um comentador? Cf.: DUCHESNE, L. (ed.). *Liber Pontificalis*, v. 2, p. 270.

verdade. Falando a respeito do dinheiro manipulavam-se poderosas distinções: entre passado e presente, injusto e justo, falso e verdadeiro. Eis uma conclusão que vale a pena explorar um pouco mais.

## 7

Quando recordavam sobre a corrupção durante a renúncia de Bento IX, os homens dos anos de 1070 e de 1080 não falavam de dinheiro, de algo genérico e impessoal, mas de um "dinheiro especial". Recorro à expressão para me servir das ideias da autora que a cunhou, Viviana A. Zelizer. "Dinheiro especial" se refere aos usos da moeda que ocorreram fora da esfera do mercado – mas não alheios a ela – investidos de significados morais, sociais e religiosos, que estavam, por sua vez, contidos por "fronteiras invisíveis": "conjunto de regras formais e informais que regulam seus usos, alocação, fonte e quantidade"[54]. Assim Bonizo ou Beno se referiam às somas implicadas naquela abdicação; isto é, enxergando propriedades morais e indivisíveis: um dinheiro romano por sua origem e subordinador à influência dos grandes senhores laicos. Suas versões do evento enunciavam o combate à simonia

---

54. ZELIZER, V. The Social Meaning of Money: Special Monies. *The American Journal of Sociology*, v. 95, n. 2, 1989, p. 342-377, citação da p. 350. A argumentação deste parágrafo está igualmente fundamentada em: ZELIZER, V.A. *Economic lives*. Princeton: Princeton University Press, 2011. • ZELIZER, V.A. *The Social Meaning of Money*. Princeton: Princeton University Press, 2017.

como plataforma para uma oposição específica à riqueza e à dominação local – não como a consequência de um ideal genérico de pureza clerical dentro do qual nenhuma forma de dinheiro poderia atuar.

Tais versões fazem mais do que descrever o passado. Elas o recrutaram, o modelaram do ponto de vista de quem não podia ou não deveria participar da gestão de uma riqueza específica. Nossos três narradores pertenciam a grupos de interesses excluídos do acesso aos recursos especificamente romanos. Como abade, Desidério sustentava, na virada para os anos de 1080, uma aliança entre Monte Cassino e os normandos, que se impunham como senhores do sul itálico minando a hegemonia de linhagens romanas e seus aliados. Zeloso partidário do Papa Gregório VII, Bonizo foi bispo em uma época da crescente divergência entre Roma e o papado, que culminaria na rendição da cidade ao imperador e no exílio de Sua Santidade. O Cardeal Beno, por seu turno, debandou para a fidelidade à corte imperial e a seu "antipapa" durante as guerras de 1082 a 1084: opor-se aos senhores locais era dar provas de lealdade à coroa que os sitiava. Por razões distintas, todos integravam redes de dependência impedidas por "regras formais e informais" de dispor da riqueza – sobretudo, das rendas – de Roma. O dinheiro que circulava pela cidade em somas nada pequenas era uma impossibilidade: usá-lo, alocá-lo estava além do horizonte político de cada um deles. A maneira como eles descreveram a renúncia de Bento IX contém mais sobre a limitação que os acometia do que sobre o acontecimento relembrado. Ela registra um senso de moral economicamente orientado. Neste caso, orientado para desqualificar uma riqueza de que não podiam dispor. Porém, é aqui que a expressão "dinheiro especial" nos apresenta uma advertência em tudo decisiva: não se trata apenas da riqueza, mas do "conjunto de regras" que a envolvia. Ou seja, Desidério, Bonizo, Beno e os que, na esteira deles, denunciaram a renúncia como mera transação de compra e venda do papado estavam desfigurando um complexo jogo político – para melhor desclassificá-lo. Entretanto, é possível resistir à sua lógica. Podemos desafiá-los e reler a história a contrapelo. De volta a 1045.

### 8

Comecemos pela escolha de João, o bispo da Sabina, para substituir Bento como Papa Silvestre, em 20 de janeiro. Nos *Annales Romani* consta ter sido a opção do "povo romano". Porém, há uma chance significativa de que essa decisão tenha sido dirigida por uma parcela da aristocracia. A Sabina era o principal campo de atuação de dois ramos da Família Crescenzi, conhecidos por *Stephaniani* e *Otaviani*. Possuindo terras nas mesmas regiões – ao Norte e Leste de Roma –, ambos envolviam magistraturas e poderes ligados ao papado para travar disputas patrimoniais, especialmente o posto de "prefeito romano". Entre 1006 e 1062, transferências envolvendo a posse de fortalezas próximas à Abadia de Farfa ou às dioceses de Tivoli e Palestrina mobilizaram confirmações papais e, em alguns momentos, tropas pontifícias. Desse modo, não se pode descartar que a elevação do bispo da Sabina fosse uma mobilização conduzida por um dos ramos Crescenzi – ou, por ambos, em tentativa de suplantar antigas tensões em prol do estabelecimento de uma nova hegemonia. Há tempos a historiografia admite tal possibilidade, ressaltando, além disso, a existência de um histórico de rivalidade entre os Crescenzi e os papas Tusculanos – entre os quais, Bento IX – que remontava à ascensão de outro Teofilato, como Bento VIII, em 1012[55]. Com isso, uma possibilidade crucial

---

55. A descrição dos *Crescenzi*, em especial a respeito da ancoragem da linhagem na Sabina, fundamenta-se nas seguintes referências: BOSSI, G. I Crescenzi di Sabina: Stefaniani e Ottaviani (dal 1012 al 1106). *Archivio della R. Società Romana di Storia Patria*, 1918, v. 41, n. 1, p. 148, 160-161. • WHITTON, D. *Papal Policy in Rome...*, p. 103-184. • HUBERT, É. L'Incastellamento em Italie Centrale: pouvoirs, territoire et peuplement dans la Vallée du Turano au Moyen Âge. Roma: École Française de Rome, 2002, p. 1.000-1.096. • LAZZARI, F. I Teofilatti nel necrológio del sec. XI del monasterio dei SS. Ciriaco e Nicola in via Lata. *Annali del Lazio Meridionale*, v. 24, n. 2, 2014, p. 7-20. A alusão ao posto de "prefeito romano" como elo entre o poderio *Crescenzi* e os rumos da política papal baseia-se ainda na existência de um *praefectus* chamado Crescenzi, cujo nome consta em um registro de 1036 ou 1037. Regesto Sublacense, cf. ALLODI, L.; LEVI, G. (eds.). *Il Regesto Sublacense dell'Undecimo Secolo*. Roma: Società Romana di Storia Patria, 1885, p. 75. Chronicon Sublacense (539-1369), cf. MORGHEN, R. (ed.). *Rerum Italicarum Scriptores*. Vol. 6. Bolonha: Zanichelli, 1927, p. 151-152. Peter Partner considerava que Silvestre III havia sido eleito pelos Stefaniani em um contexto de disputas com os Otaviani na própria Sabina, de modo que estes últimos teriam tomado partido de Bento IX desde o início da revolta romana. Cf. PARTNER, P. *The Lands of Saint Peter...*, p. 107. Já Chris Wickham cogitou que tanto Otaviani quanto Stefaniani apoiaram Silvestre

precisa ser considerada: que a "recondução" de Bento IX pelos romanos, em 10 de março, tenha ocorrido após uma repactuação entre as linhagens. Após seis meses de uma revolta que sequer uma batalha pôde encerrar, o esvaziamento do poder assumido por Silvestre supõe a mudança de posição de seus promotores, o realinhamento com os Tusculanos. Dado o equilíbrio do conflito, sua excomunhão por Bento dificilmente teria sido efetiva sem o consentimento dos Crescenzi. Essa me parece ter sido a "injúria" que, nas palavras de Desidério, marcou o retorno de Silvestre para a Sabina: ter sido, em tão pouco tempo, abandonado por quem endossara sua ascensão papal. A indefinição e a duração dos enfrentamentos tornam implausível que a expulsão tenha se dado, como quis o abade, em razão do poderio militar de Bento. É mais convincente que esse desfecho tenha sido alcançado em razão de condutas dos "cônsules da terra", como também anotou o religioso.

Para pôr as cartas na mesa: em minha leitura, *Otaviani* e *Stephaniani* sustentaram Silvestre, em um golpe pela tomada do papado; mas, em semanas, recuaram da investida: voltaram atrás e aderiram novamente a Bento. Isso foi possível porque, com o arcipreste João, entrou

---

III, mas, em seguida, passaram novamente ao partido de Bento IX. Ponto de vista ao qual me filiei: WICKHAM, C. *Medieval Rome...*, p. 214, 220, 246. A respeito dos antagonismos entre os Crescenzi e os Tusculanos, tendo o ano de 1012 como episódio-chave: TOUBERT, P. *Les Structures du Latium Médiéval...*, p. 1.015-1.138. • WICKHAM, C. *Medieval Rome...*, p. 197-204.

em cena um mediador político; isto é, uma terceira força. Considero plausível a hipótese levantada há mais de cem anos de que João era herdeiro dos Pierleoni. Como tal, sua trajetória como clérigo na Igreja de São João da Porta Latina deve ser encarada como elo do gradual processo de posicionamento em espaços públicos e instituições dessa família de judeus convertidos em algum momento de meados do século. O parentesco tem, igualmente, outra implicação. Como Pierleoni, João pertencia à "nova aristocracia" que, diferentemente dos *nobiliores* – dos "mais nobres", como Crescenzi e Tusculanos –, ancorava sua riqueza no predomínio mercantil, no controle de praças, mercados, zonas portuárias e moinhos, na exploração do trabalho citadino. Neste ponto, é possível extrair uma informação preciosa. Distanciados da concentração fundiária e da economia agrária, os Pierleoni não competiam pela dominação senhorial com a virulência de um "cônsul da terra". A relativa equidistância em relação às famílias enraizadas em castelos e cidades provincianas incensou os Pierleoni como terceira força, capazes de mediar o antagonismo radicalizado no rastro da revolta de setembro de 1044[56].

---

56. Atribuir passado judaico aos Pierleoni é um equívoco segundo: BREZZI, Paolo. *Roma e l'Impero Medioevale...*, p. 208. Aliás, na esteira da argumentação de Brezzi, seria temerário vincular Gregório VI aos Pierleoni. Porém, o dado fundamental à minha argumentação não é a origem judaica da família ou mesmo que Gregório tenha sido, de fato, um Pierleoni – embora minha posição neste debate esteja formalmente enunciada. O crucial, aqui, é o perfil sociológico da influência do arcipreste e seu *status* de força mediadora. A respeito

Com efeito, minha explicação para o que se passou entre março e maio de 1045 é a seguinte. A proximidade entre Bento IX e João Graciano – vale lembrar que o arcipreste era padrinho do pontífice, segundo os *Annales Romani* – criou um nexo político, levando a luta voraz então travada pelas famílias tradicionais até os Pierleoni. Com o envolvimento dessa ala da aristocracia urbana, abriu-se terreno para o rearranjo de forças, orientado para a acomodação dos diversos interesses em jogo. Os Crescenzi concordaram em desistir do papado; mas sob uma condição: que os Tusculanos também o fizessem. Combalidos pelo levante romano, estes consentiram; porém, mediante a possibilidade de transmitir o trono de Pedro a um aliado, um Pierleoni. O qual, em retribuição, empenhou o patrimônio familiar para realizar um gesto público de deferência, de reconhecimento da proeminência dos antigos "capitães": a oferta de uma "soma nada pequena de dinheiro". Nesse arranjo, todos perderam: os Crescenzi, um papa, o malfadado Silvestre; os Tusculanos, o papado, controlado desde 1012; os Pierleoni, um

---

dos Pierleoni como uma nova aristocracia e da matriz socioeconômica de sua riqueza, baseei-me, sobremaneira, em: WICKHAM, C. *Medieval Rome...*, p. 220-252. Quanto à hipótese de que João Graciano integrava essa família: FEDELE, P. Le famiglie di Anacleto II e di Gelasio II. *Archivio della Società Romana di Storia Patria*, v. 27, 1904, p. 419-440. • BORINO, GB. L'Elezione e la Deposizione di Gregorio VI..., v. 39, n. 1, p. 226-231. • ZEMA, D. The houses of Tuscany and of Pierleoni in the crisis of Rome in the Eleventh Century. *Traditio*, v. 2, 1944, p. 155-175. • PRINZ, J. *Popes from the Ghetto: a view of medieval Christendom*. Nova York: Schocken Books, 1968, p. 115-125.

pouco do lastro de seu lugar no mundo, a riqueza. Ao mesmo tempo, todos ganharam: os Crescenzi, restringindo o poder da maior linhagem local e voltando a ter poder de voz sobre o destino da cidade; os Tusculanos, reafirmando sua superioridade, desgastada por uma revolta sangrenta; e os Pierleoni, desbravando uma nova fronteira para sua inserção na sociedade cristã, a Santa Sé. Entre recuos forçados e avanços estratégicos, a elite romana assegurava sua perpetuação e crescia, dilatando as bordas ao acomodar novos participantes[57].

Havia limite para o antagonismo entre magnatas romanos. Os acontecimentos de 1045 não revelam uma sociedade caótica, afundada na "conflitualidade endêmica", como anotou o estudioso italiano Nicolangelo D'Acunto[58]. Pressionadas pela necessidade para assegurar a posição social, as linhagens romanas incorporaram certa versatilidade política e se lançaram ao conflito sem romper o *status quo*. Contudo, esse elaborado jogo de forças foi desqualificado, rebaixado a um amontoado de atos desprovidos de sentido – a não ser o da busca autodestrutiva por vanglória – e, então, lançado sob a sombra de uma

---

57. Em grande medida, minha interpretação explora um campo de possiblidades desbravado pioneiramente pelo salesiano Giovanni Battista Borino: BORINO, G.B. *L'Elezione e la deposizione di Gregorio VI...*

58. À letra, a época de 1044 deveria ser considerada um contexto "di grande confusione determinata dalla conflitualità endêmica che affliggeva l'aristocrazia romana". Cf. D'ACUNTO. N. *La Lotta per le Investiture...*, p. 30.

história de avareza e pecado pela geração de eclesiásticos dos anos de 1080. Este é o principal efeito de sua atenção cerrada ao dinheiro: faz o passado caber na palma da mão; porém, ao custo de escorrer entre os dedos a complexidade das "regras formais e informais" com que os magnatas romanos lidavam com a riqueza, a conflitualidade e o poder. Dito isso, há uma última pergunta a ser enfrentada: por que devemos nos importar com isso?

## 9

Em 1039, Břetislav, duque da Boêmia, atual República Tcheca, invadiu a Polônia, então "viúva de seu príncipe" – esclarece a *Crônica dos Boêmios*. "Como uma grande tempestade que se enfureceu", o duque causou enorme destruição: "devastou aldeias com matanças e saques, devastou com incêndios e irrompeu contra as fortificações". Quando tomou Cracóvia, a sede metropolita dos poloneses, "a demoliu por completo e se apossou de seus despojos; além disso, ele desenterrou os antigos tesouros escondidos pelos antigos duques na tesouraria; isto é, ouro e prata em quantidade infinita". Outras cidades foram incendiadas, mas foi Gniezno, "forte por causa da localização e defesa, mas facilmente conquistada por inimigos porque poucas pessoas viviam lá", que se tornou palco de uma façanha em que a *Crônica* se deteria longamente. Lá estava "o mais precioso tesouro; qual seja, o corpo do muitíssimo bem-aventurado mártir Adalberto". Os boêmios desprezaram os demais espólios e, com a cumplicidade do bispo e do clero local, abriram o sarcófago, ergueram o corpo, cobriram-no com seda e o depositaram no altar: "naquele dia, duzentos marcos foram recolhidos na caixa do ofertório do altar". O corpo santo foi levado para as proximidades de Praga, onde foi recebido em cerimônia suntuosa, repleta de ornamentos e objetos magníficos, entre os quais, um crucifixo, cujo peso "doze sacerdotes mal podiam suportar," pois, ao ordenar sua confecção, o já falecido "Duque Mieszko igualou o próprio peso três vezes com [...] ouro". Foi uma ocasião sublime, "um dia para ser honrado pelos boêmios e lembrado para sempre, comemorado por cerimônias sagradas, celebrado por louvores e [...] alegrado com riquezas". Praga tornara-se morada santa.

Porém, prossegue a *Crônica*, um ultraje interrompeu a felicidade. Um "caluniador informou ao papa como tudo havia acontecido e relatou que o duque da Boêmia e o bispo haviam violado as leis divinas e tradições dos Santos Padres". Sua Santidade não poderia deixar o fato impune sem diminuir "as leis da Sé Apostólica" – teria cravado o informante. A notícia percorreu Roma como a descarga de um raio. Imediatamente, uma "assembleia sagrada foi reunida; as Sagradas Escrituras, escrutinadas". Duque e bispo foram acusados "com presunção": "alguns propuseram que o duque fosse privado de todas as dignidades e [enviado ao] exílio por três anos; outros julgavam que o bispo deveria ser trasladado, suspenso de todo ofício, para um claustro de monges, onde viveria até o fim". Em Roma, era uma questão de tempo para que os sequestradores do morto especial fossem excomungados. "Enquanto isso, enviados do duque e do bispo dos boêmios [...] vieram a Roma, trazendo uma mensagem mais untada por presentes do que polida pela facúndia das palavras." Os emissários se dirigiram ao concílio e, declarando o arrependimento em nome do duque, do bispo e de "todo o povo dos boêmios", suplicaram por perdão. O papa mostrou-se receptivo: "se tiver se arrependido, um erro não é prejudicial" – teria dito Sua Santidade. Então, os enviados foram dispensados e se alojaram na cidade, ainda obrigados a apresentar o caso para julgamento no dia seguinte. Mas durante aquela noite, recorreram a outra forma de intercessão: "circulando, eles corromperam o discernimento dos cardeais com dinheiro, subverteram a justiça com ouro, negociaram a clemência por um preço e atenuaram a sentença judicial com presentes". No dia seguinte, quando o papa "abriu sua santa boca [para reparar] o pecado de tomar o que era alheio e o ainda maior de não só roubar cristãos, mas de os aprisionar e, cativos, os vender como animais brutos", o que se ouviu não foi excomunhão, privação ou exílio, mas uma ordem para que o duque e o bispo "construam um amplo cenóbio, em lugar conveniente, suficientemente dotado para todos os usos e honras eclesiásticas". Assim foi feito[59].

---

59. As citações constantes nos dois últimos parágrafos foram retiradas de: COSME DE PRAGA. *Chronica Boemorum*. MGH SS, v. 9, p. 67-72. Apoiei-me ainda em: BAK, J.M.; RYCHTEROVÁ, P. (eds.).

Nessa versão sobre como Bento IX teria lidado com o saque do reino da Polônia e o translado do corpo de Santo Adalberto, a riqueza assume significados dualistas, quase maniqueístas. Em poucas páginas, o narrador, Padre Cosme de Praga, falecido em outubro de 1125, a faz ir de um extremo ideológico a outro. Enquanto o exército de Břetislav rasga a paisagem, ouro, prata, moedas figuram como expressões plenas da devoção, como parte integral da busca pela salvação. Quando põe o duque em cena desenterrando os tesouros de Cracóvia e se apossando de "ouro e prata em quantidade infinita", a narrativa o louva, o exalta como homem pio, tão zeloso quanto a doação de "duzentos marcos" para o altar. Porém, dobre-se a página e o ouro reluz pecaminoso. Graças a ele, os mensageiros corrompem cardeais, minam a justiça, envolvem a misericórdia em uma negociata profana, desrespeitam o rigor prescrito pelos santos câ-

---

*Cosmae Pragensis Chronica Bohemorum, Cosmas de Prague – The Chronicle of the Czechs.* Budapest/Nova York: Ceu Press, 2020. O translado das relíquias de Santo Adalberto ocorreu em um contexto de experiências estratégicas em torno da santidade na Boêmia, como se pode compreender em: BLÁHOVÁ, M. The Functions of the Saints in Early Bohemian Historical Writing. In: MORTENSEN, L.B. (ed.). *The Making of Christian Myths in the Periphery of Latin Christendom (c. 1000-1300).* Copenhagen: Museum Tusculanum Press, 2006, p. 83-120. • KUBÍN, P. Le culte medieval de Saint Venceslas et de Saint Adalbert en Europe Centrale. *Prace Historyczne*, v. 145, n. 3, 2018, p. 397-427. Sobre o pano de fundo do escravismo cristão: Štefan, I. Slavery and Slave Trade in Early Medieval Bohemia: Archaeology of Slavery or Slavery of Archaeology? In: BIERMANN, F.; JANKOWIAK, M. (eds.). *The Archeology of Slavery in Early Medieval Northern Europe: the invisible commodity.* Cham: Springer, 2021, p. 127-140.

nones. Agora, a riqueza possui aspecto de força invasora, de um elemento externo à fé, cuja natureza polui a alma, afastando-a da presença divina. Para homens como Cosme, valer-se de grandes quantidades de ouro poderia ser um meio de destacar-se entre os pecadores como alguém digno das dádivas celestiais tanto quanto uma marca que permitia identificar o falso cristão. Isso significa que, entre os séculos XI e XII, havia fluidez nos critérios para estimar o significado social da riqueza. As conexões entre a religião e o dinheiro eram estreitas, mas não eram estáticas.

## 10

Os significados de um elemento monetário deslizavam pelos discursos, movendo-se de um polo a outro não só com frequência, mas com nítida desenvoltura, de modo que, com aparente naturalidade, os mesmos sujeitos que enxergavam certa santidade na moeda e mencionavam-na como parte da linguagem teológica da salvação também a repudiavam como um instrumento de sacrilégio que conspurcava a Igreja. Ocorre que a mobilidade de sentidos, esse ir e vir entre autorização e interdição, não fluía desimpedidamente, pois era perpassada por tensões, forças de retenção que não eram outras senão as disputas protagonizadas pelas aristocracias cristãs. Com a história sobre 1039, Cosme, o narrador, tomou parte em uma dessas disputas. Quase cem anos depois, ele empunhou a pena para reivindicar para a família ducal e o alto clero da Boêmia a prerrogativa de reter a riqueza: enquanto ouro e prata eram transferidos dentro do sistema local de alocação de recursos, eram legítimos, sacrossantos; mas, transferidos para outro sistema, o romano, tornavam-se ilegítimos. Em ambos os casos, o dinheiro estava atado a ilegalidades: a saque, incêndio e destruição, no primeiro; à profanação da justiça e da clemência, no segundo. O narrador, porém, vê apenas um deles como corrupção.

A renúncia de 1045 foi outra disputa dessa natureza. Se compreendi corretamente o curso das relações em jogo, em maio, a prerrogativa para classificar influxos monetários envolvendo a Santa Sé foi transferida de Bento para a própria linhagem. Ele recebeu uma grande soma para renunciar porque seguiu um critério estipulado pelo parentesco. O papa consentiu que o familismo – não o clericalismo – ditasse o padrão sobre certo e errado a respeito do dinheiro. Pressionado pela recente revolta e pela repactuação entre Crescenzi, Tusculanos e Pierleoni, após mais de doze anos governando os assuntos eclesiásticos, ele consentiu em lidar com o dinheiro do modo mais vantajoso para a família. Fê-lo em uma tentativa de explorar possibilidades abertas pela interpenetração que havia entre a Igreja e as linhagens. Parece-me pouco plausível que Bento tenha consentido com o recebimento da grande soma de dinheiro por puro voluntarismo, para saciar uma índole completamente alheia aos rigores da vida eclesiástica. Nos anos imediatamente anteriores à renúncia, o mesmo homem que teria vendido o papado assegurava as imunidades de mosteiros, tanto na península quanto em além dos Alpes; arbitrava litígios a respeito da integridade de dízimos; inscrevia nomes no rol dos santos em resposta às solicitações de comunidades cristãs[60]. Não se pode descartar que Bento tenha encontrado um sentido legítimo naquela transferência monetária que selava um concerto de forças no interior de uma aristocracia cristã, junto aos "melhores cristãos", grupo a que pertencia duplamente, como clérigo e herdeiro. Quando se consideram as particularidades éticas da época, grande é a chance de Bento ter agido de um modo moralmente responsável.

Por outro lado, era uma decisão eivada de riscos. Com o gesto, ele tornou pública a apropriação dinástica da competência eclesiástica de ditar a sagrada maneira

---

60. Em 21 de janeiro de 1044, Bento IX confirmou a posse do mosteiro S. Andreas em Roma e a imunidade do mosteiro imperial de Fulda, então dirigido pelo Abade Rohing: JAFFÉ 4118; ZIMMERMANN, H. *Papsturkunden 896-1046...*, p. 1.156-1.157. Em 30 de março de 1042, dirimiu um litígio entre Bonizo, bispo de Toscanella, e Godizo, bispo de Castro, a respeito dos dízimos de dois povoados, conforme consta em: KEHR. *Italia Ponticia*, v. 2, p. 197. • ZIMMERMANN, H. *Papsturkunden 896-1046...*, p. 1.155-1.156. • BAIX, F.; JADIN, L. Benoit IX..., p. 98. Em 25 de dezembro de 1041 ou talvez em 8 de setembro de 1042, em um concílio romano, atendendo à solicitação do bispo e do clero de Trier, Bento canonizou o asceta Simão, monge do Monte Sinai, morto naquela diocese por volta de 1035: *Bibliotheca Hagiographica Latina: antiquae et mediae aetatis*. Vol. 2. Bruxelas: Société des Bollandistes, 1900-1901, n. 7.963-7.965, p. 1.152. • JAFFÉ, n. 4.112. • MATTHIS, A. Il Pontifice Benedetoo IX. *La Civiltà Cattólica*, v. 4, n. 66, 1915, p. 561. • BAIX, F.; JADIN, L. *Benoit IX...*, p. 97.

de estimar a riqueza. Bento solapou um dos principais papéis exercidos pela instituição eclesiástica: o de estipular a correta destinação da riqueza. Confirmou, ao alcance dos olhos e ouvidos de todos, aquilo que recusou ao Duque Břetislav: o poder para alocar e realocar recursos, inclusive aqueles detidos em mãos eclesiásticas. Era contradição aguda. Talvez, flagrante quando nos recordamos que em abril do ano anterior, no solene concílio em que restituiu a Igreja do Grado à dignidade de patriarcado, Bento excomungara os bispos de Pesaro e de Fano, por crime de simonia. Decisão confirmada, tempos depois, por Gregório VI e, uma vez mais, por Clemente II[61]. Tudo bem pesado, parece-me adequado dizer que Bento estava em uma posição tal que pudesse estimar ou mesmo prever o dano institucional que a ação causaria. Insuflado por uma atmosfera urbana inflamável, concebido para atender a prioridades familiares, seu gesto extrapolou a interpenetração entre a Igreja e a linhagem segundo o recente histórico de decisões do próprio papa. Ainda que tenha agido de modo moralmente responsável, Bento foi publicamente, necessariamente, corrupto. Aspecto que a geração clerical de 1080 explorou conforme a verve dos próprios interesses.

---

61. BAIX, F.; JADIN, L. *Benoit IX...*, p. 98. A excomunhão teria ocorrido segundo exortação do então falecido arcebispo de Ravenna, Gerardo, figura próxima à Conrado II: BUZZI, G. Ricerche per la storia di Ravenna e di Roma dall'850 al 1118. *Archivio della Società Romana di Soria Patria*, v. 38, n. 1, 1915 p. 187.

Ditar a correta ordem dos critérios para estimar o significado social da riqueza era enorme poder. Além de afetar as possibilidades de acumulação e de transferência material entre diferentes grupos; mobilizava e, por vezes, dirigia as maneiras de perceber e cumprir as normas vigentes; redirecionava o controle sobre as instituições; permitia capturar bens, espaços e prerrogativas considerados públicos. Marcada por todos esses desdobramentos, a renúncia de Bento IX descortina um caso eloquente a respeito da adaptabilidade da elite romana quando se tratava de assegurar sua perpetuação. Uma história que não podemos esquecer. Para aqueles que, como eu, pertencem a uma sociedade regida por oligarquias centenárias, que ingressa no século XXI governada por mandonismos coloniais e na qual atribuições do Estado Democrático de Direito são exercidas em nome "da minha família", desconhecer um caso como esse é ignorar quão vasto pode ser o repertório dos donos do poder para conservar a dominação – mesmo quando o que há de mais sagrado num tempo está em jogo.

# 3
# FABRICANDO UMA DEPOSIÇÃO: A ANTICORRUPÇÃO E AS LUTAS POLÍTICAS PELO DIREITO

*Temos de nos permitir ficar estarrecidos diante de fatos que qualquer pessoa* consideraria normais.
John Searle, 1998.

**1**

Reza o abade de Monte Cassino que, em maio de 1045, Bento IX deixou a cidade, "sendo recebido em um de seus próprios castelos". Tendo renunciado, após se despir de quase treze anos de vida pontifical, retornou para as terras da linhagem com a pele nua de clerezia, trajando a existência de batismo. Era, uma vez mais, apenas Teofilato. Em Roma, o sacerdócio passou às mãos do Papa Gregório VI – nome escolhido pelos romanos para o arcipreste João depois de o eleger e de jurar-lhe fidelidade. A autoridade foi transmitida como exigia a tradição: encadeada por ritos, carreada publicamente de um prelado a outro sem desvio ou escape. A contar do dia "1º de maio, [...] por um ano e oito meses subtraídos onze dias", detalham os *Annales Romani*, o papado esteve onde Gregório estava[62].

É verdade que há arestas por aparar nessa imagem de sucessão bem orquestrada. Uma delas pode ser lida no livro notarial da Abadia de Subiaco. No documento catalogado como número 213, lê-se: "Em nome do Nosso Senhor Jesus Cristo. No ano de pontificado propício por Deus ao Senhor Bento IX, sumo pontífice e papa universal. Na sacratíssima sede do bem-aventurado apóstolo Pedro, 13º ano, mês de novembro, primeira indicção".

As coordenadas apontam para 1045, implicando que Bento ainda pontificava seis meses após abdicar. Mas quão precisa é tal datação? A pergunta não é gratuita. Ela é justificada pelo pequeno acervo de notícias que se pode reunir a respeito da renúncia, como visto no capítulo anterior, e porque os editores do documento, os arquivistas italianos Leoni Allodi e Guido Levi duvidaram do que leram. Seu ceticismo, embora discretamente confiado às letras miúdas de um rodapé, é retumbante: "estas notas cronológicas não podem de forma alguma ser ratificadas. Respeitamos o ano do pontificado". A redação dá lastro à hipótese de que o documento tenha sido emitido, de fato, em 1045; mas, talvez, não em no-

---

62. DESIDÉRIO DE MONTE CASSINO. *Dialogi de Miraculis Sancti Benedicti*. MGH SS 30 (2), p. 1.142. • ANNALES ROMANI. MGH 5, p. 468-469. • DUCHESNE, L. (ed.). *Liber Pontificalis*, v. 2, p. 331.

vembro. De modo que não se pode descartar a possibilidade de que o acordo entre o bispo de Tívoli e o abade de Subiaco – eis o teor do documento – tenha sido selado antes de maio, quando Bento ainda era o "sumo pontífice e papa universal"[63].

Raciocínio idêntico se aplica a outro caso. Diversos textos oriundos das terras hoje conhecidas como Polônia projetam o ano de 1046 como a provável data em que Bento IX confirmou a elevação do abade cisterciense Aarão de Tyniec, então consagrado pastor de Cracóvia, ao título de arcebispo. Mas é preciso atravessar um mar de incertezas antes de exibir o episódio como prova segura de que o tusculano mudara de ideia sobre a renúncia e seguia fazendo uso da autoridade apostólica. A maioria dos registros pertence ao século XIII. São esforços para navegar por uma neblina centenária de esquecimentos e versões conflitantes. Cada tentativa conduzindo o leitor a uma enseada diferente: fala-se em 1046, mas também em 1043, 1044, 1049, 1056, 1059, e até mesmo nos anos de 1070. Aqui, afirma-se, o papa remeteu o *pallium* – o símbolo do título arcebispal – para Colônia, onde Aarão foi consagrado; acolá, que o abade viajara até Roma para recebê-lo. No interior da ciência histórica, as conclusões sobem e descem no balouçar da maré documental. O historiador húngaro Harald Zimmermann, por

---

63. ALLODI, L.; LEVI, G. (ed.). *Il Regesto Sublacense del Secolo XI...*, doc. 213, p. 251.

exemplo, ancorou: "no máximo, em 1045". Enquanto o alemão Karl Frech zarpou rumo a águas mais distantes: "uma vez que a consagração ocorreu em 1046 e as negociações com a Santa Sé se seguiram, a concessão do *pallium* não foi possível antes do outono de 1047/primavera de 1048, época em que Bento [...] foi novamente papa legítimo". Há tantas contradições e divergências que, por fim, o mais seguro é que a informação consista em uma falsificação documental e que o nome de Bento IX só tenha sido incluído porque foi papa no mesmo ano em que Aarão assumiu o bispado – assim, a busca pela veracidade já naufragou. Seja como for, apoiar-se sobre esse episódio para demonstrar que Bento competia pelo trono de São Pedro após ter renunciado é demasiado arriscado[64].

Havia um único e legítimo papa, Gregório VI. Até onde sei, essa é a compreensão mais verossímil. Em maio, ele concedeu privilégio ao Mosteiro de San Pietro di Calvario, em Perugia. Confiou ao abade a porção de mundo ao redor: igrejas, vilas, casas, vinhedos, campos, montes, bosques, pomares, cursos d'água, camponeses. Tudo a ser mantido, "por nossa autoridade, livre e seguro [longe] da infestação dos tiranos". Quem desobedecesse, estaria atado à excomunhão, esperado no inferno, junto de Ju-

---

64. ZIMMERMANN, H. Papsturkunden 896-1046..., p. 1.169-1.170. • FRECH, K.A. *J.F. Böhmer, Regesta Imperii III – Salisches Haus 1024-1125: 5. Abt. Papstregesten, 1024-1058; Lieferung, 1024-1046*. Colônia: Böhlau, 2006, n. 307, p. 229-230.

das, após "pagar vinte libras de puríssimo ouro em nosso palácio". Na vultosa soma, todo o peso da plena autoridade. Em novembro, no mesmo mês em que foi datado o acordo de Subiaco, Gregório selou a posse da Igreja de Santo Alexandre pelos cônegos regulares de Lucca. Sabemos que em 18 de fevereiro do ano seguinte outorgou um privilégio semelhante à Igreja de Florença. Entre 1045 e 1046, conferiu a Almerico, abade de Farfa, o direito de escolher o bispo que ordenaria sacerdotes em sua abadia. Além de privilégio loquaz, a medida é indício de que Gregório angariava aliados na Sabina, a área de influência do Bispo João, que havia sido elevado pelos Crescenzi a Papa Silvestre em janeiro de 1044. É outra evidência de que os dias da sucessão febril de concorrentes pelo trono petrino terminaram. Em 1046, tomou a Abadia de Echternach, em Trier, sob sua proteção. Em 26 de fevereiro, atendendo ao rei franco, Henrique I, ratificou a imunidade do Mosteiro de Mont-Saint-Quentin, cujos bens declarou invioláveis a "rei, conde, bispo e qualquer príncipe". Ainda nesse ano, acolheu o arcebispo de Amalfi, Lourenço, entre as muralhas romanas. Uma vez mais, havia um sumo e universal pontífice[65].

---

65. Quanto às doações de Gregório VI, mencionadas no parágrafo: ZIMMERMANN, H. *Papsturkunden 896-1046...*, p. 1.172-1.179. • FRECH, K.A. *J. F. Böhmer, Regesta Imperii III...*, n. 286-305, p. 215-228. Há registros sobre outros privilégios e realizações papais, mas que considerei falsificações posteriores ou informações pertencentes a um escopo diverso do que tento demonstrar. Segui Karl Frech no caso do privilégio ao abade de Fulda (também datada de maio de 1045), considerado uma falsificação. No caso do privilégio con-

De maneira geral, é difícil observar Gregório VI como um personagem dotado de autonomia. Quanto mais aparece nos documentos, mais sua figura se dissipa e se mistura a biografias alheias. Ele surge como alguém que agia para outros, pelos outros. No século XIII, por exemplo, dizia-se que, por ser um rude iletrado, uma vez eleito, ele consagrou um clérigo hábil para agir como seu representante no papado. Versão improvável; porém, emblemática. É raro vê-lo sobre o próprio passo. Mais comum encontrá-lo a replicar outra vida. Porém, após maio de 1045, era ele quem detinha o papado. "Bento IX" era um nome integrado ao passado[66].

---

cedido a Farfa, segui o posicionamento de Mary Stroll e o considerei legítimo. Cf.: STROLL, M. *The Medieval Abbey of Farfa: Target of Papal and Imperial Ambitions*. Leiden: Brill, 1997, p. 48-49. A respeito da provável iniciativa de Gregório de convocar um sínodo de bispos francos, segui Ovidio Capitani: é mais verossímil que se refira à eleição de Gregório VI ou ao Concílio de Sutri, em 1046, do que a uma assembleia a ocorrer na Gália. Cf.: CAPITANI, O. *Immunità Vescovili ed Ecclesiologia...*, p. 32-33, n. 61. Por fim, há ainda a possibilidade de que Gregório tenha sido o responsável por excomungar o bispo de Fano, mas, neste caso, como argumentou Owen Blum, há muitas incertezas para que o fato seja tomado como evidência segura para caracterizar o pontificado de Gregório. Cf.: BLUM, O. (ed.). *The Fathers of the Church: Medieval Continuation – The Letters of Peter Damian*. Vol. 1. Washington D.C.: The Catholic University of America Press, 1989, p. 132, n. 18.

66. Para a versão mencionada: MARTINHO DE OPAVA. *Chronicon Pontificum et Imperatorum*. MGH SS, v. 22, p. 433. • *Flores Temporum*. MGH SS, v. 24, p. 245. • JOÃO DE VIKTRING. *Liber Certarum Historiarum*. MGH Rer. Germ., v. 36/1, p. 69. • MATEUS PARIS. Flores Historiarum. In: LUARD, H.R. (ed.). *Flores Historiarum*. Vol. 1. Londres: Eyre & Spottiswoode, 1890, p. 555. E ainda: FRECH, K.A. *J.F. Böhmer, Regesta Imperii III...*, n. 280, p. 211-212.

**2**

Em outubro, após triunfar sobre a "sedição" dos húngaros, Henrique III cruzou os Alpes como "o governante da Germânia, Panônia e Itália". Surgiu pela passagem Brenner à frente de um exército. A demonstração de forças era parte das cerimônias para a entrega da coroa imperial. Mas em que termos? A expedição era uma moldura ritual para ingressar em Roma ou a marcha capaz de garantir a intervenção sobre a cidade? A dúvida abre uma bifurcação na realidade. De um lado, chega-se ao fato como a evidência de que Henrique ignorava as inquietantes notícias sobre o dinheiro que manchara a posse da cátedra de Pedro. Por esse caminho, é possível vê-lo negociando a coroação com o próprio Gregório VI, de quem esperava receber a bênção, como concluiu Roger Collins; ou assegurar, como Colin Morris, que a ocorrência da marcha em 1046 tenha sido uma coincidência, causada não pelos eventos na cidade, mas pela intenção de reassegurar os direitos germânicos detidos na Itália desde o tempo de Oto I, há quase um século. Entretanto, se seguirmos pela outra direção, encontraremos o rei às voltas com os preparativos necessários para apear o papa do trono: neste caso, Henrique teria planejado a conquista de Roma. Tomá-la para colocar em curso o plano de assumir o controle sobre a Igreja, uma instituição dotada de prestígio único e, então, reformá-la. Tal foi o rumo tomado pela maioria dos autores que pude ler[67].

---

67. Quanto aos autores mencionados: COLLINS, R. *Keepers of the Keys of Heaven: a history of the Papacy*. Nova York: Basic Books,

Esta última leitura se apoia, sobretudo, em Bonizo de Sutri. É o bispo que permite ver o rei capitaneando imensa multidão armada para purificar a Santa Sé. Segundo ele, em algum momento de 1045, Pedro, o arquidiácono e chanceler romano, foi enviado por bispos, cardeais, clérigos, monges, homens e mulheres tementes a Deus até a corte, onde se lançou aos pés do monarca e implorou, lágrimas riscando o rosto, para que socorresse sua desolada mãe, a Igreja romana, com toda a pressa. O talento retórico do bispo é único, mas a notícia de que Henrique cavalgava já motivado por uma "exigência eclesiástica" também consta nos *Feitos dos bispos da Igreja de Hamburgo*, escrita por Adão, mestre da escola Catedral de Bremen; nos *Annales Romani*; na *Crônica do Mosteiro de Monte Cassino*, redigida pelas mãos do beneditino Leão de Mársica. Neste ponto da pesquisa, já me encontrava decidido a tomar o segundo caminho. Entretanto, hesitei em avançar. Fi-lo por uma razão que pode soar estranha: o conjunto documental era demasiado coeso. Esse consenso bem alinhado não deixou de me provocar suspeitas. Especialmente porque trazia na memória, ainda fumegando, a experiência acumulada no capítulo anterior.

---

2009, p. 200. • MORRIS, C. *The Papal Monarchy: The Western Church from 1050 to 1250*. Oxford: Clarendon, 2001, p. 83. Quanto a encontrar na mobilização de 1046 o esteio de uma intervenção sobre a Igreja romana, é uma possibilidade admitida há décadas. Observe-se, p. ex., este trecho de Marcel Pacaut: "O novo imperador, de fato, está preocupado ao mesmo tempo em pôr ordem nos assuntos eclesiásticos e controlar o Papado" (PACAUT, M. *Histoire de la Papauté: de l'origine au concilie de Trente*. Paris: Fayard, 1976, p. 102).

Onde a investigação sobre a incidência de dinheiro na renúncia de 1045 revelara outro aspecto como traço definidor dos relatos que são mais próximos do evento: quando reunidos, eles formam uma coleção repleta de arestas, marcada por incongruências, desacertos, lacunas. Uma convergência tão acabada e, por isso mesmo, carente de certa vitalidade, parecia-me façanha da posterioridade[68].

O chão firme proporcionado por esses documentos é campo minado. Assim, vim a pensar sobretudo após me deparar com a epístola escrita por Odilo, abade de Cluny, a Henrique. Ditado, provavelmente, em Roma, o texto é uma invocação. Instava o rei a ir ao reino itálico para que "as virtudes se ergam em vosso reinado e que a heresia simoníaca seja esterco para porcos. Ademais, [Odilo prosseguia] meu senhor rei, mais prudente rei e mais notório César, tratai cautelosamente a República e diligentemente a Sé Apostólica estabelecida sobre ela. Alegrai-vos mais ao ser útil ao mundo do que a comandar o povo". A república – isto é, o conjunto da sociedade cristã – havia sido colocada sob risco herético por um acordo desautorizado por Deus: "o que aquele perdeu, quem cedeu tudo, não deve ser possuído por quem o tomou inteiramente. Ele tomou tudo tanto quanto pôde. Se tivesse podido fa-

---

68. As citações reunidas ao longo do parágrafo são, respectivamente: BONIZO DE SUTRI. *Liber Ad Amicum*. MGH Ldl 1, p. 584. • ADÃO DE BREMEN. *Gesta Hammenburgensis Ecclesiae Pontificum*. MGH SS 7, p. 337-338. • DUCHESNE, L. (ed.). *Liber Pontificalis*, v. 2, p. 331-332. • CHRONICA MONASTERII CASINENSIS. MGH SS 7, p. 682.

zer valer seu desejo, vosso poder de nada valeria". É difícil abrir a tranca que encerrava a linguagem. Durante grande parte do século passado, na esteira de eruditos como Ernst Sackur e Gerd Tellebanch, vigorou a certeza de que as palavras foram ditadas em outubro de 1046 para instruir Henrique a interferir sobre os assuntos romanos: Bento IX era aquele que "cedeu tudo"; Gregório VI, quem "tomou tudo"; e se o rei não impedisse este último de realizar seu desejo – manter o papado –, o poder monárquico seria visto como inútil. Contudo, nos anos de 1970, quando o professor italiano Ovídio Capitani se debruçou sobre o assunto, ficou claro que também era possível que a carta houvesse sido ditada no início de 1047[69]. Que Odilo saudava o monarca por um feito consumado, impediu

---

69. A carta encontra-se transcrita em: SACKUR, E. (ed.). Ein Schreiben Odilo's von Cluni an Heinrich III vom October 1046. *Neues Archiv der Gesellschaft für ältere deutsche Geschichtskunde*, v. 24, 1899, p. 734-735. Cf.: TELLENBACH, G. *Church, State and Christian Society at the time of the Investiture Context*. Nova York: Harper Torchbooks, 1970, p. 174-175. Quanto à reviravolta operada na datação: CAPITANI, O. Ancora della lettera di Odilone ad Enrico Imperatore. In: VV.AA. *Miscellanea Gilles Gerard Meersseman*. Vol. 1. Pádua: Antenore, 1970, p. 89-116. Meu posicionamento é também devedor do acesso a: SCHMID, K.; HEINRICH, M.; GREGOR VI. Gebetsgedächtnis von Piacenza des Jahres 1046 – Bericht über einen Quellenfund. In: FROMM, H.; HARMS, W.; RUBERG, U. (orgs). *Verbum et Signum: Beiträge zur Mediävistischen Bedeutungsforschung Studien zu Semantik und Sinntradition im Mittelalter*. Munique: Wilhelm Fink, 1975, p. 79-97. Cabe lembrar que, nos anos de 1940, Carl Erdmann propôs que a carta teria sido escrita em 1014 e tinha como tema não os rumos da Igreja de Roma, mas os de Ravenna. Cf. ERDMANN, C. Das ottonische Reich als Imperium Romanorum. *Deutsches Archiv*, v. 6, 1943, p. 412-441. • GIUNTA, C. Per quel Deu. *Lingua e Stile*, v. 52, 2017, p. 167-170.

que Gregório seguisse no trono. Se o texto parece feito sob medida para os fatos, não é porque contém as diretrizes da atuação monárquica, mas por projetar uma ilusão retrospectivamente, um ponto de vista de quem já se colocou de pé sobre o fim dos acontecimentos e observava seu curso antes imprevisível. Refiz as anotações, girei sobre os calcanhares e decidi tomar o outro caminho.

Vencedor da guerra húngara, Henrique marchou para ser coroado por Gregório VI – não para intervir e controlar. No que competia à corte, os assuntos romanos estavam em ordem. Havia um pontífice legítimo, um único detentor da autoridade apostólica.

### 3

No dia 25 de outubro, o rei reuniu um concílio, em Pávia. Talvez tenha sido essa a ocasião em que Henrique proferiu, perante "arcebispos e bispos de todo Império", uma impactante exortação contra a "cupidez do amor pelo dinheiro" no interior da Igreja. Após lamentar pela alma do pai, o Imperador Conrado, açoitado no além por ter permitido que a venalidade grassasse pelo Império, Henrique se voltou para o alto clero, censurando-o por traficar bens espirituais, gratuitamente recebidos de Jesus Cristo. "Obviamente [teria dito] porque esta ofensa é tão manifesta [entre vós], diversas calamidades adviram sobre os filhos dos homens, a saber, fome, mortandade e guerra." Atordoados e encurralados, os eclesiásticos "suplicaram por misericórdia, ao que o rei foi comovido a dirigir-lhes tais palavras de consolação: ide e ocupai-vos de bem dispor o que recebestes ilicitamente"[70].

O relato integra o último dos chamados *Cinco livros de história*, um trecho da obra que é marcado pela sobreposição de acontecimentos díspares. Aqui vai um exemplo. Alguns capítulos antes, Raul Glaber, o autor, datou no 1046º do Senhor um eclipse lunar, que vestiu o astro com aspecto sanguíneo; parágrafos depois, anotou que, no "vigésimo segundo dia do mesmo novembro", foi a vez de um eclipse solar, um "sinal dos céus que fez muitos homens se aterrorizarem pensando nos pecados que haviam cometido". Ocorre que o primeiro evento se deu em 8 de novembro de 1044; o segundo, em 29 de junho de 1033. Esse entrelaçar de fatos não parece ter sido um caso isolado, restrito à astronomia. Ao relatar o discurso sobre a "extirpação da simonia", o monge, provavelmente, também trançou informações de diferentes ordens; neste caso, entremeando o empírico a projeções mentais. Projeções que podem ter sido provocadas pela reverência às Sagradas Escrituras, por exemplo. Henrique ressoa a idealização a uma imitação de Cristo quando se dirigiu aos fariseus de Jerusalém e vendilhões do Templo. Projeções que podem, ainda, ter sido causadas por estados afetivos. Como ressaltaram John France e Paul Reynolds,

---

70. BULST, N.; FRANCE, J.; REYNOLDS, P. (eds.). *Rodulfus Glabert...*, p. 250-252.

tradutores britânicos dos *Cinco livros*, Glaber nutria certa hostilidade pela memória de Conrado II, sentimento que pode ter passado ao manuscrito como se tivesse saído dos lábios do filho e sucessor do falecido imperador. Em outras palavras, o impactante discurso de Henrique III parece ter sido, em larga medida, obra de imaginação do narrador[71].

Não obstante, a versão do religioso conta. Se corremos risco de tatear algum vazio quanto à verdade factual do discurso, é igualmente correto que o significado atribuído ao mesmo registra alguma experiência historicamente concreta. Ainda que tenha fabricado aquelas palavras, Glaber verteu para o texto uma informação que operou como a condição para o relato ser plausível e que ultrapassava, assim, o raio de suas intenções. Diz respeito à imagem da corrupção eclesiástica como uma ameaça concreta à estabilidade do governo imperial. Quando bispos eram "corrompidos pela avareza e cupidez [escreveu Glaber], as consequências eram fome, mortandade e guerra". Os excessos e abusos por parte do episcopado levavam a desastres e à perda da paz. Essa foi, aliás, uma prioridade do sínodo de Pávia: combater a corrupção envolvendo a Igreja. Isso foi feito lançando anátema sobre quem vendia a consagração de bispos e altares, a ordenação de clérigos ou a investidura de abadias; quem, por "insolente ímpeto", com "fraude e astúcia", dissipava pro-

---

71. Ibid., p. 241, 244, 251, n. 3 e 4.

priedades eclesiásticas ao envolvê-las em contratos de arrendamento ou em comutações. O texto de Glaber fazia eco a essas decisões. O que se lê, ali, é uma apresentação da natureza do jogo político da época. O discurso atribuído ao rei traz os princípios eclesiásticos para o centro do palco, demonstrando que a coroa, de fato, atuava ao encontro de uma ética clerical[72].

O compromisso monárquico estava longe de ser um ideal abstrato. Em se tratando de Henrique era o pano de fundo da consciência, a base da personalidade. A historiografia o tem como sujeito de mentalidade profundamente religiosa. Sua devoção é evocada, a todo momento, como politicamente decisiva. "Nenhum rei antes de Henrique III mostrou um sentimento religioso mais profundo" – assim Horst Fuhrmann iniciava sua exposição, na década de 1980, sobre a "realeza sacerdotal", forma mais acabada de governo imperial. "Foi um governante consciencioso que conduziu suas responsabilidades religiosas com a máxima seriedade e foi um poderoso campeão da reforma" – lemos em J. Norwich. "Era um profundo devoto e encarava o seu papel em termos tanto religiosos quanto seculares" – resumiu Eamon Duffy. "Além disso, o casamento [...] com a extremamente devota Inês de Poitou, da Burgúndia, indiscutivelmente fortaleceu sua própria devoção confirmada e deve ter aumentado o influxo das correntes

---

72. Para as decisões do concílio: Pavia, 25. Oktober 1046. MGH Conc., v. 8, p. 178-181.

eclesiásticas para o interior da concepção de realeza" – a citação de Stefan Weinfurter é ainda mais contundente[73].

Henrique marchava para ser coroado. Mas à medida que se aproximava, Roma era transportada para uma paisagem política onde o julgamento do rei era o sol da legalidade. Ao meio-dia, iluminava todos os casos. Dentro e fora da Igreja.

**4**

De Pávia, o séquito imperial alcançou Piacenza, onde Gregório VI era aguardado. Apesar da escrita avessa ao prelado, Bonizo afirma que ele foi "recebido como cabe a um papa, honorificamente". A informação é confirmada pelo Monge Hermann de Reichenau. Uma antiga tese, cuja versão mais arrojada foi trazida a público em 1916 pelo salesiano Giovanni Battista Borino, propunha que Henrique havia oferecido a recepção já decidido a depor Gregório. Que o rei, portanto, dissimulava. Enredava um rival com formalidades para torná-lo alvo dócil de uma política já traçada. Vejamos esta tese um pouco mais de perto[74].

---

73. Para as citações, cf. respectivamente: FUHRMANN, H. *Germany in the High Middle Ages, c. 1050-1200*. Cambridge: Cambridge University Press, 1986, p. 38. • NORWICH, J.J. *Absolute Monarchs: a history of the Papacy*. Nova York: Random House, 2011, p. 94. • DUFFY, E. *Santos e pecadores...*, p. 87. • WEINFURTER, S. *The Salian Century...*, p. 88.

74. As referências a Bonizo e Hermann são oriundas, respectivamente, de: BONIZO DE SUTRI. *Liber Ad Amicum*. MGH Ldl, v. 1, p. 585.

Sob tal perspectiva, as razões imperiais eram de duas ordens. Primeiro, Gregório resistia a aprovar o casamento do monarca com uma parente distante, Inês de Poitou. Não encontrei registros de alguma condenação ou de uma censura formal, mas o pontífice teria se negado a abençoar a união. Com isso, o espectro de um *matrimonium ilicitum* pairava sobre a coroa – Inês fora coroada rainha antes de se casar –, mantendo Henrique longe da coroação imperial e em maus lençóis com os parentes maternos da esposa, sem os quais dificilmente a Burgúndia seria mantida sob controle germânico. Segundo, Sua Santidade se recusara a consagrar como arcebispo o escolhido de Henrique para ocupar a estratégica sé de Ravenna. Em outubro de 1046, fazia cerca de dois anos que Widger fora designado, mas permanecia sem a necessária bênção papal. Por fim, havia os casos do abade de Farfa e do superior do Mosteiro de San Vicenzo al Volturno, com os quais o monarca mantinha divergências, mas que encontravam abrigo na autoridade de Gregório. Além de buscar a coroação imperial, assegurou Borino, Henrique partiu da Germânia para pôr um fim nesse contraste político que comprometia sua capacidade de transformar decisões em obediência[75].

---

• HERMAN DE REICHENAU. *Chronicon*. MGH SS, v. 5, p. 126. A recepção em Piacenza é mencionada em: ARNULFO DE MILÃO. *Liber Gestorum Recentium*. MGH SS Rer. Germ., v. 67, p. 169. • BERNOLDO DE REICHENAU. *Chronicon*. MGH SS, v. 5, p. 425.

75. BORINO, G.B. *L'Elezione e la deposizione di Gregorio VI...*, p. 327-329, 332-345.

A tese é persuasiva. Admito ao leitor e à leitora que tiveram paciência para chegar até aqui, que, ao provar dessa ênfase no pragmatismo – na imagem do rei como alguém imbuído de forte juízo sobre a utilidade do papa –, imediatamente senti o gosto de uma análise que levava a política a sério, não temperava a crueza da luta pelo poder. Mas logo veio a dificuldade para digeri-la. O casamento com Inês, realmente, arrancou protestos de figuras graúdas do clero germânico. Entretanto, essa mesma oposição, que considerava a conduta do rei um risco à saúde espiritual do Império, adicionada ao fato de a neta de Oto Guilherme da Burgúndia ter sido coroada antes das núpcias, indicava que a legitimidade do casamento foi tratada como assunto interno ao reino dos teutônicos, que não dependia da aprovação papal. Chegando a Widger, o mal-estar foi maior. Nos *Feitos dos bispos de Liège*, cujo texto foi redigido entre 1052 e 1056 – por um contemporâneo, portanto –, encontrei o relato de seu julgamento ocorrido no palácio imperial. No dia 18 de maio de 1046, Henrique convocou diversos bispos para considerarem o fato de que Widger, "antes de ter sido ordenado bispo, [permanecendo um] presbítero por dois anos, tinha celebrado a solenidade das missas com a dalmática tanto quanto com sandálias". Valer-se das vestes episcopais sem ter recebido a consagração era grave presunção, ultrajava a integridade do ofício sacerdotal. O monarca solicitou que os presentes se pronunciassem. A assembleia hesitava. Henrique, então, se voltou para Wazo de Liège e exigiu um pronunciamento. O prelado, ainda assim, declinou. "Insistiu, veementemente, que um bispo itálico não deve ser julgado por um cisalpino ou igualmente pelo imperador", anotou Anselmo, o narrador. Que, então, pôs estas palavras nos lábios de Wazo: "nós [bispos] devemos obediência ao sumo pontífice e fidelidade, por outro lado, a vós. A vós, devemos render [fidelidade] em razão dos bens seculares; a ele, em consideração ao que competir ao ofício divino". Mas Wazo não deteve o monarca. "Se [disse, enfim], quanto àqueles bens seculares que foram assegurados por vós, ele administrou algo de modo negligente ou infiel, não há dúvida de que é de vosso interesse exigir [o que julgardes pertinente]." Henrique, então, decidiu que o acusado "entregasse o báculo com o anel ao imperador". Widger foi deposto cinco meses antes da expedição itálica[76].

---

76. A respeito do casamento: PARISSE, M. Sigefroid, abbé de Gorze, et le mariage du roi Henri III avec Agnès de Poitou (1043) – Un aspect de la réforme lotharingienne. *Revue du Nord*, n. 3/4, 2004, p. 543-566. Para o dimensionamento político da relação, recorri ainda a: McLAUGHLIN, M. "Disgusting acts of shamelessness": sexual misconduct and the deconstruction of royal authority in the eleventh century. *Early Medieval Europe*, v. 19, n. 3, 2011, p. 312-331. • VERBANAZ, N. A "Necessary Companion": the Salian Consort's expected role in governance. In: TANNER, H.J. (ed.). *Medieval Elite Women and the Exercise of Power, 1100-1400: moving beyond the Exceptionalist Debate*. Londres: Palgrave Macmillan Cham, 2019, p. 177-197. As citações quanto ao julgamento de maio de 1046 foram retiradas de: ANSELMO. *Gesta Episcoporum Leodiensium*. MGH SS, v. 7, p. 224. Levei em consideração: *Ex Anselmi Gestorum Episcoporum Leodiensium Recensione Altera*. MGH SS, v. 14, p. 115; bem como algumas epístolas de Damião: PEDRO DAMIÃO. Epístola 7, 11, 13, 20. MGH Briefe d. dt. Kaiserzeit, v. 4/1, p. 115-117, 136-139, 142-144, 199-202. Para uma crítica da tese de Borino: VIOLANTE, C. *La Pataria Milanese e la Riforma Ecclesiastica*. Vol. 1. Milão: Istituto Storico Italiano per il Medio Evo, 1955, p. 46-47.

Quando deixou a Germânia, Henrique tinha os assuntos imperiais em ordem – não desarranjados por um contraste político criado em Roma. Além disso, é preciso não perder de vista um aspecto um tanto trivial, mas decisivo: como explicar que Gregório tenha ido ao encontro do rei em Piacenza se se opunha sistematicamente a ele? Formulada nos anos de 1970 por Karl Schmid, a dúvida faz soar o alerta: nem o papa era um personagem etéreo, que flutuava sobre o mundo; tampouco o monarca era um maquiavélico descarado a jogar com a aparência das cerimônias cristãs. Em Piacenza, rezaram juntos. Talvez, em meio à atmosfera de devoção, o pontífice tenha concordado com a ideia de convocar novo sínodo, a ser realizado na cidade de Sutri, a alguns quilômetros ao norte de Roma, para lidar com um assunto de "máxima importância para a Igreja" – como anotou Desidério. E, então, as comitivas provavelmente se separaram. O pontífice partiu para Sutri ou, quem sabe, retornou para a Cidade Eterna, onde se ocupou de preparar a Cúria Romana para a nova assembleia[77].

Terá sido, então, quando ainda se encontrava em Piacenza, ou pouco após deixar a cidade em direção a Sutri, que a corte se inteirou dos rumores de simonia envolven-

---

77. DESIDÉRIO DE MONTE CASSINO. *Dialogi de Miraculis Sancti Benedicti*. MGH SS, v. 30(2), p. 1.142. Bonizo menciona que Henrique e Gregório viajaram juntos até Sutri; no entanto, é a única fonte a fazê-lo: BONIZO DE SUTRI. *Liber Ad Amicum*. MGH Ldl, v. 1, p. 585.

do a eleição de Gregório VI. Tudo mudou. Agora, torna-se patente que a coroação imperial corria o risco de ser contaminada por grave violação, manchada se a coroa fosse recebida das mãos de um simoníaco. Desidério afirma que, de Sutri, Henrique enviou emissários encarregados de rogar "a João, que era chamado Gregório, para que, com ele presidindo [o plenário conciliar], fosse examinado [o caso] [...] de que parecia haver três pontífices iguais entre si [em Roma]". Agora, urgia submeter o juiz apostólico a um exame público de culpa[78].

## 5

No dia 20 de dezembro, um plenário apinhado de personalidades imperiais reuniu-se perante Gregório e Henrique. Se, em Pávia, as deliberações contaram com o patriarca de Aquileia; os arcebispos de Colônia, Bremen, Praga, Salzburg, Arles, Besançon, Milão; bispos e abades imperiais; e, ao menos, vinte e sete prelados itálicos, pode-se assumir, que, convocada com o consórcio papal, a assembleia de Sutri tenha sido ainda maior. Talvez, o maior acontecimento conciliar de sua época. Se houve registro oficial, perdeu-se. O que permaneceu foi uma variedade caleidoscópica de menções e descrições, que transformam o sínodo em uma espécie de caixa de Schrödinger: há tamanha sobreposição de cenários possí-

---

78. DESIDÉRIO DE MONTE CASSINO. *Dialogi de Miraculis Sancti Benedicti*. MGH SS, v. 30(2), p. 1.142.

veis que a assembleia parece comportar, simultaneamente, diversas situações reais[79].

Observando pelo ângulo fixado pelos monges Herman e Bernoldo, de Reichenau, os *Annales Augustani*, os *Annales Admuntenses*, o Catálogo Farfense de Pontífices, Leão de Mársica e Gregório de Cantino, veremos somente Gregório presente. Mas ele surgirá descendo espontaneamente do trono, perdendo legalmente o papado e sendo deposto: três ações juridicamente distintas. Mas, se tentarmos vislumbrar o interior da caixa através da perspectiva da Crônica do Mosteiro de Saint Begnine de Dijon, dos *Annales Laubienses*, dos *Annales Romani*, do Abade Desidério, de Guido de Ferrara, dos *Annales Altahenses*, de Amato de Monte Cassino, de Lupus Protospatarius, de Adão de Bremen, de Lamberto de Hersfeld e de Hugo de Flavigny veremos os três, Bento, Silvestre e Gregório, sendo depostos – o que, de chofre, abre brecha para a possibilidade de que estivessem presentes. Vemos ainda que deixaram o plenário excomungados ou não – deste conjunto, apenas os *Annales Romani* aludem ao anátema. E não é tudo. Os fatos são, ainda, outros. Nesse dia, dois simoníacos foram expulsos da Igreja – assegurou o Anônimo Haerensis, sem dis-

---

79. Para a composição da assembleia de Pávia, aqui mencionada como parâmetro para a ordem de grandeza alcançada pelo concílio de Sutri: *Synodus Papiensis*. MGH Const. 1, p. 94-95. • HERMAN DE REICHENAU. *Chronicon*. MGH SS, v. 5, p. 126. • ARNULFO. *Gesta Archiepiscoporum Mediolanensium*. MGH SS, v. 8, p. 17.

sipar a indefinição. Ressalva seja feita: Bento foi deposto, e Gregório não foi excomungado – se lê em Pedro Damião. Na realidade, ambos, o vendedor e o comprador da graça, foram, então, excomungados – corrigiria Mariano Escoto. Em absoluto, refutaria o Bispo Benzo de Alba: dois compareceram em Sutri; o terceiro, tendo fugido, foi anatemizado. De fato, Teofilato fugiu, mas Gregório foi mandado para o exílio e Silvestre, de volta à diocese – disse o Cardeal Beno, como se detalhasse a descrição do prelado de Alba. De onde estava, Bonizo viu Silvestre ser condenado; Bento, obrigado a deixar o ofício; Gregório depondo a si mesmo. Cada olhadela tornava o real mais e mais camaleônico[80].

---

80. HERMAN DE REICHENAU. *Chronicon*. MGH SS, v. 5, p. 125-126. • BERNOLDO DE REICHENAU. *Chronicon*. MGH SS, v. 5, p. 425. • ANNLES AUGUSTANI. MGH SS, v. 3, p. 126. • ANNALES ADMUNTENSES. MGH SS, v. 9, p. 575. • GIORGI, I. Appunti su alcuni mss. Del "Liber Pontificalis". *Archivio della R. Societè Romana di Storia Patria*, v. 20, n. 3-4, 1897, p. 310-311. • CHRONICA MONASTERII CASINENSIS. MGH SS, v. 7, p. 682. • GREGÓRIO DI CATINO. Chronicon Farfense. In: BALZANI, U. (ed.). *Il Chronicon farfense di...*, p. 244. • CHRONICON SANCTI BENIGNI DIVIONENSIS. MGH SS, v. 7, p. 237. • ANNALES LAUBIENSES. MGH SS, v. 4, p. 19. • ANNALES ROMANI. MGH, v. 5, p. 468-469. • DUCHESNE, L. (ed.). *Liber Pontificalis...*, v. 2, p. 331-332. • DESIDÉRIO. *Dialogi de Miraculis Sancti Benedicti*. MGH SS, v. 30(2), p. 1.141-1.142. • GUIDO DE FERRARA. *De Scismate Hildebrandi*. MGH Ldl, 1, p. 565. • ANNALES ALTAHENSES MAIORES. MGH SS Rer. Germ., v. 4, p. 42. • BONNICI, T. (ed.). *Amatus de Montecassino...*, p. 151. • LUPUS PROTOSPATARIUS. MGH SS, v. 5, p. 59. • ADÃO DE BREMEN. *Gesta Hammenburgensis Ecclesiae Pontificum*. MGH SS, v. 7, p. 337-338. • LAMBERTO DE HERSFELD. *Annales*. MGH SS, v. 5, p. 154. • HUGO DE FLAVIGNY. *Chronicon*. MGH SS, v. 8, p. 406. • ANONYMUS HASERENSIS. MGH SS, v. 7, p. 264. • PEDRO DAMIÃO. Epístola 72. MGH Briefe d. dt. Kaiserzeit, v. 4/2, p. 363. • MARIANO ESCOTO. *Chronicon*. MGH SS, v. 5, p. 557. • BENZO DE

Descrever o sínodo de Sutri é um desafio tão antigo quanto intimidador. Não tenho pretensão de superá-lo. Aliás, a julgar pela escassez e disparidade dos dados documentais, pode ser que, simplesmente, não seja superável. Entretanto, apesar de vagar às escuras na maior parte do tempo e de estar ciente de que a melhor das tentativas resultará apenas em conclusões incompletas e provisórias, preciso arriscar uma descrição. Deixarei de lado as numerosas comparações textuais que me trouxeram até aqui. Para não abusar ainda mais da generosidade de meus dez leitores, aqui, me aterei ao desfecho; àquela que é, ao menos por enquanto, a imagem geral que tenho do concílio de Sutri. Não quero, com isso, dar a entender que minha leitura não seja controversa ou contestável – como tudo que envolve Sutri, ela é. Mas é preciso preencher melhor nosso tempo. Então, aqui vai.

Silvestre compareceu e foi, então, julgado usurpador. Foi condenado à deposição do episcopado, sendo-lhe ordenado que vivesse em retiro, em um mosteiro, pelo resto da vida. O veredito não teria efeito: elevado a bispo por volta de 1012 e contando com a proteção dos Crescenzi, João – nome de batismo – continuou assim até falecer, em 1062. Gregório foi aquele de quem o sínodo mais se ocupou. Tomou assento como presidente do plenário,

---

ALBA. *Ad Heinricum IV imperatori Libri VII*. MGH SS, v. 11, p. 670. • CARDEAL BENO. *Contra Gregorium VII et Urbanum*. MGH Ldl, v. 2, p. 377-378. • BONIZO DE SUTRI. *Liber Ad Amicum*. MGH Ldl, v. 1, p. 584-585.

mas recebeu o tratamento de réu. Os padres conciliares confrontaram-no com a certeza de ter protagonizado uma ascensão manchada por dinheiro; argumentaram e replicaram, até que o outrora arcipreste, reconhecendo tal conduta, declarou-se simoníaco. Julgando-se culpado, abdicou. Formalmente, não foi deposto. Também recebeu ordem de desterro religioso. Desta vez, cumpriu-se. Foi colocado sob custódia e enviado para além-Alpes. Morreria na Germânia, recluso em Colônia, sob estreita vigilância da corte. Enfim, Bento. Vivendo em uma fortaleza familiar, não compareceu, razão pela qual seu caso não foi considerado. Foi julgado três dias depois, 23 de dezembro. Desta vez, mesmo ausente, foi declarado deposto em novo sínodo, realizado em Roma[81].

---

81. Além de toda documentação arrolada na nota anterior, levei em consideração: *De Ordinando Pontifice*. MGH Ldl, v. 1, p. 10-11. • PONCELET, A. Vie et Miracles du Pape S. Léon IX. *Analecta Bollandiana*, 1906, v. 25, p. 275-277. • ARNULFO. *Gesta Archiepiscoporum Mediolanensium*. MGH SS, v. 8, p. 17-18. • ANNALES CORBEIENSES. MGH SS, v. 3, p. 6. • GIORGI, I.; BALZANI, U. (eds.). *Il Regesto di Farfa*. Vol. 5. Roma: R. Societé, 1892, p. 219-220. • *Italia Pontificia*, v. 2, p. 65. • UGO BALZANI (ed.). *Il Chronicon Farfense di Gregorio di Catino*. Vol. 2. Roma: Forzani/Tipografi del Senato, 1903, p. 131-139. Também considerei: MATTHIS, A. *Il Pontifice Benedetto IX...*, p. 292. • BORINO, G.B. *L'Elezione e la Deposizione di Gregorio VI...*, p. 309, 347. • CAPITANI, O. *Immunità Vescovili...*, p. 60-74. • GUARNIERI, V. I Conti di Tuscolo (999-1179). *Caratteri delle Vicende Familiari, dell'Assetto Patrimoniale e del loro Adelspapstum*. Tese de doutorado. Università degli Studi di Roma La Sapienza, 1998, p. 85-93. • WIJNENDAELE, J. *Silences et mensonges autour...*, p. 315-353, lista da p. 319-328. • VENDITTELLI, M. Sutri nel medioevo (secoli X-XIV). In: VENDITTELLI, M. (org.). *Sutri Nel Medioevo: storia, insediamento urbano e território (secoli X-XIV)*. Roma: Vilela, 2008, p. 1-92, esp. p. 52-53.

A coroa permaneceu mobilizada enquanto os três pontífices não foram levados às barras da justiça. Não bastava julgar Gregório, papa reinante que Henrique recebera com as devidas honras em Piacenza; tampouco os trabalhos conciliares foram encerrados com o exame do caso de Silvestre, o único que, de fato, havia tentado substituir um pontificado em curso há anos. Era imprescindível que todos fossem submetidos e sentenciados. Detenhamo-nos aqui.

## 6

O Concílio de Sutri foi o teatro de operação onde se consumou uma incisão jurídica sobre a realidade. Lá, três casos distintos tiveram, cada um, suas características removidas e substituídas pela mesma substância: a acusação de "usurpar o papado". O de Silvestre foi o menos afetado. Ele havia sido eleito pelos romanos no bojo de uma revolta, quando o papa reinante, expulso, já não ocupava o Palácio de Latrão. Porém, expulsão e sedição, ainda que por obra do "povo", não instituíam sé vacante. O passado estava repleto de episódios em que um papa se mantinha na dignidade longe de Roma, expulso, exilado, encarcerado. Silvestre foi escolhido para um trono que seguia, canonicamente, ocupado. Encarnando uma tentativa de subtrair o assento àquele que fora seu legítimo ocupante por doze anos, ele fazia jus ao rótulo de usurpador. O mesmo não poderia ser dito sobre Bento e

Gregório. Tendo renunciado, o tusculano não concorria pela autoridade, não a expunha, como fez Silvestre, sob risco de cisão, de reparti-la em duas vozes. O Pierleoni, por sua vez, foi eleito pelo "povo e clero romano" não no bojo de uma revolta, mas depois que o papa "destituiu a si mesmo do ofício" – como lembrou o religioso Herman de Reichenau. Não sabemos como as sentenças foram fundamentadas, se foram escoradas sobre textos ancestrais ou inteiramente sustentadas pela aprovação imperial, mas, em qualquer um dos cenários, algo é certo: elas implicaram alto custo legal. Transformar Bento e Gregório em "usurpadores", como Silvestre, foi certamente uma operação politicamente complexa. Fabricar uma verdade jurídica persuasiva e, não menos importante, isolar cada um e todos os envolvidos, julgando-os em sua terra natal, mas longe do alcance das redes de parentes e aliados, privados da capacidade de reagir e resistir, requeria poder[82].

---

82. Minha interpretação, portanto, é que Bento foi expulso de Roma em setembro de 1045, mas não destituído do papado e que o caso Silvestre III se encaixa naquilo que o século XII nomearia como a ascensão de um *antipapa*. Embora o *povo* exercesse um poder vinculante sobre as eleições episcopais desde os tempos apostólicos, estava igualmente estabelecido desde finais da Antiguidade que a manifestação do *povo* não era suficiente para instituir ou destituir alguém no grau eclesiástico. Isso pode ser encontrado em epístolas de luminares da tradição cristã, como Celestino I, Leão I e Gregório I. Leão, p. ex., tendo sido um dos principais partidários do caráter autoritativo da escolha operada por parte do *povo e do clero*, insistiu, em certa ocasião, que um tumulto popular – assim como decisões de ocasião ou um ambiente de presunções – jamais poderia influenciar a escolha de bispos. Cf.: LEÃO MAGNO. Epistola ad Episcopos Africanos Provinciae Mauritaniae Caesariensis. *PL*, v. 54, col. 646. A informação é debatida em: BENSON, R. *The Bishop-Elect: a study in*

O preço tornava-se ainda mais elevado no caso de Bento IX. Levá-lo a julgamento como falso papa implicava manter conectado à autoridade papal aquele que exerceu o papado, legitimamente, por treze anos. Era incensá-lo a uma posição muito mais elevada do que a efetivamente ocupada; isto é, a de um prelado que renunciara por dinheiro. Não era tudo. Ao fazê-lo, a corte e os padres conciliares aumentavam a exposição pública da autoridade real em matéria incendiária: pode um poder secular julgar e depor um papa? A margem de desgaste implicada essa estratégia pode ser estimada no fragmento restante de *De Ordinando Pontifice*, obra escrita entre 1047 e 1048 como ruidoso protesto contra proeminência de Henrique III em Sutri. O alvo visado pelo autor, que nos chega anônimo, era a destituição de Gregório, mas ele se deteve também sobre Bento. Não como defensor, pois o tusculano emerge dessas linhas implicando simonia, pecado, o mal em si mesmo. Mas, por perversas que fossem suas ações, Bento não podia ser julgado ou destituído por laicos. Por pensar assim, o autor classificou sua deposição pelos romanos como ilegítima, e a restituição, plenamente legal. Bento era um segundo Libério, o papa que, no longínquo século IV, exilado, foi restituído ao papado. O exemplo de Libério era eloquente por outra razão. Sua expulsão de Roma estava atrelada à política do Imperador Constâncio II, morto em 354. Instaurou-se,

---

*Medieval Ecclesiastical Office*. Princeton: Princeton University Press, 1968, p. 23-55.

assim, um jogo de simetrias. Se Bento era novo Libério, Henrique surgia como reflexo do imperador que convocara concílios e destituíra bispos contrários ao arianismo, notória heresia. Para apresentar o tusculano como "falso papa", o monarca se arriscava a ser visto como simpático à depravação da fé[83].

Entretanto, é preciso ter cautela. *De Ordinando Pontifice* guarda um entendimento radical – e, por isso, minoritário – sobre os acontecimentos. Adotá-lo como parâmetro de análise pode significar tomar a exceção por regra, enfronhando a realidade na perspectiva de um crítico isolado. De fato, em vários pontos, vale notar, há uma relação inversa entre a clareza do texto, de um lado, e sua representatividade política, de outro. Mas, neste caso, o autor mordaz, seja ele quem for, não estava sozinho. Ao contrário. É relativamente fácil encontrar reprovações à decisão da corte imperial de levar um papa a julgamento, quem quer que fosse ele, quer se tratasse de Bento IX ou de um antecessor, e mesmo que a medida tenha sido implementada com o respaldo do sínodo. Por exemplo, na *Crônica* escrita pelo Bispo Tietmar de Merseburg, entre 1012 e 1013, consta o seguinte: "o poderoso e augusto Imperador dos Romanos consentiu com a deposição do senhor apostólico, de nome Bento, seu superior em Cristo, quem, injustamente acusado, assim espero, ninguém

---

83. *De Ordinando Pontifice*. MGH Ldl 1, p. 9-10. A analogia entre Bento e Libério assume forma antitética na continuidade do texto.

pode julgar a não ser Deus". Bento V havia sido eleito pelos romanos mesmo após Oto I ter rejeitado sua indicação. Foi deposto no sínodo de junho de 964, mediante a acusação de descumprir o juramento, assumido por todos os habitantes de Roma, de não levar a termo uma eleição papal sem o consentimento do rei. O caso demonstra que, algumas décadas antes de 1046, lidar com um papa condenado não poupava a corte de responder pelas acusações de abuso contra a Igreja e de violar a hierarquia espiritual instituída por Cristo. A nítida reprovação escrita por Tietmar encontrava eco em uma máxima que circulava pelo Império há mais de um século através das chamadas "decretais pseudoisidorianas": aqueles que conduzem sacerdotes ao tribunal e os acusam, desejosos de os condenar, não compreenderam que as transgressões de um sacerdote diziam respeito somente a Cristo. Com efeito, juiz terreno algum poderia julgar um pontífice, não obstante as acusações levantadas. Um postulado mencionado, ademais, por Bonizo[84].

---

84. De Ordinando Pontifice. MGH Ldl 1, p. 11-13. Minha interpretação é a de que Bento foi deposto em Roma. A perspectiva destoa daquela de Ian Stuart Robinson, para quem o Concílio de Sutri não proferiu decisão, tendo considerado como desnecessário em razão da renúncia de maio de 1045. Cf. ROBINSON, I.S. (ed.). *The Papal Reform on the Eleventh Century: lives of Pope Leo IX and Pope Gregory VII*. Manchester: Manchester University Press, 2004, p. 185, n. 36. Robinson, por sua vez, baseou-se em: SCHMALE, F.J. Die "Absetzung" Gregors VI. in Sutri und die synodale Tradition. *Annuarium Historiae Conciliorum*, v. 11, n. 1, 1979, p. 55-103, cf. p. 99.

A degradação de Bento IX ao patamar de falso papa causava danos à imagem pública da corte imperial. Tornava possível encurralá-la com argumentos de que violara a sagrada determinação de papas como Clemente I, Pio I ou Estevão I, para quem "aos laicos, por mais piedosos que sejam, nunca é atribuído poder para dispor de quaisquer competências eclesiásticas", como teria feito o Rei Henrique ao presidir o concílio em Sutri. Quaisquer assuntos envolvendo ordens clericais – seria o caso de Bento como "falso papa" – diziam respeito a um mandato ditado do Alto, e "a nenhum imperador ou qualquer governante é permitido presumir contra um mandato divino" – eis uma frase retirada do Papa Calixto I. Era possível extrair um largo acervo de citações junto aos "Santos Pais da Igreja" sobre a infâmia dos laicos que ordenavam a remoção de alguém do episcopado. Embora o caso a arrastasse para um cipoal de adversidades canônicas, a corte decidiu recusar o desfecho alcançado pela política romana – a renúncia – e reabrir o assunto diante de um plenário[85].

---

85. *De Ordinando Pontifice*. MGH Ldl 1, p. 9-11. Minha interpretação é que Bento foi deposto em Roma. A perspectiva destoa daquela de Franz-Josef Schmale, para quem o Concílio de Sutri não proferiu decisão, tendo considerado como desnecessária em razão da renúncia de maio de 1045. Cf.: SCHMALE, F.-J. Die "Absetzung" Gregors VI. In Sutri und die synodale Tradition. *Annuarium Historiae Conciliorum*, v. 11, n. 1, 1979, p. 55-103; no caso, cf. p. 99.

## 7

Se "a força propulsora por trás da autoridade [da monarquia] era alimentada pela convicção do rei e sua corte de que o governo real estava firmemente enraizado no Direito Canônico e nas normas eclesiásticas", como afirmou Stefan Weinfurter – e, para que não paire dúvidas, reitero que compartilho de tal leitura – a mobilização imperial para depor Bento não foi um confronto da ordem contra a anarquia, um embate da moralidade pública contra a corrupção. Uma interpretação assim dualista, maniqueísta por um triz, perde de vista que, ao destituir um pontífice que havia renunciado, a coroa correu risco de reforçar relações sociais que numerosos contemporâneos consideravam ilegítimas ou, no mínimo, que os mesmos prelados que foram ao Concílio de Sutri poderiam julgar indesejáveis[86].

O argumento não desconstrói a imagem da realeza como instituição reformadora. Ao contrário, reforça-a. Para um rei como Henrique III, que governava movido por uma razão clerical, adotar um curso de ação contra um falso papa era arriscar-se a provocar, à época, um disparo das acusações de corruptor da Igreja. Sua conduta era passível de ser considerada à luz da ordem jurídica de então, corrupção. Havia um quê de proximidade, uma similaridade desconcertante entre aquele monarca refor-

---

86. Para a citação constante no parágrafo: WEINFURTER, S. *The Salian Century...*, p. 91.

mador e o papa simoníaco. Em maio de 1045, dissuadido por prioridades familiares, Bento IX envolveu dinheiro na renúncia ao trono apostólico, protagonizando desfecho passível de ser incriminado como prática corrupta, segundo suas próprias decisões à frente do papado. Já Henrique, anulando os efeitos da polêmica renúncia, abriu caminho para que sua imagem fosse associada à reputação de tirano da Igreja, de quem corrompia a integridade do sacerdócio. Cada um à sua maneira, juiz e réu estavam expostos a ser motivo de escândalo. Todavia, a distância entre eles não foi menos tangível: Henrique, sendo amplamente saudado como restaurador da disciplina eclesiástica, "novo Davi" – disse Pedro Damião; Bento, sendo amplamente rechaçado como prelado delinquente, um traficante das coisas santas em tempo integral. Por quê? Como explicar a disparidade? Por que a reputação de corrupto vem à tona num caso, estridente e duradoura, enquanto no outro parece ficar pelo caminho, abafada como se desprovida de "força propulsora"?[87]

A esta altura, cabe descartar a lei e a norma como resposta. Não que o direito fosse irrelevante ou ausente das relações sociais. Como Paolo Grossi, penso que o cotidiano na Cristandade latina era perpassado por múltiplos

---

87. Pedro Damião assegurou que Henrique III atuava para restaurar a Era Dourada do Rei Davi ao destituir Widger, o eleito para a Sé de Ravenna – não em razão da deposição de Bento. Porém, a associação parece-me plausível uma vez que envolveu a atuação monárquica para a destituição de um prelado itálico. Cf. PEDRO DAMIÃO. Epístola 20. MGH Briefe d. dt. Kaiserzeit, v. 4/1, p. 199-202.

ordenamentos jurídicos, por autênticas dimensões legais. Porém, para que a experiência jurídica se completasse era preciso mais do que a existência de um conteúdo legal e seus instrumentos interpretativos. De um ponto de vista jurídico, ambos os casos eram graves. Casos distintos, claro. O julgamento de um papa não violava a integridade do sacerdócio da mesma maneira que a simonia. Delitos díspares; mas, ambos, delitos. As denúncias oferecidas contra Henrique, como se pode ler nas páginas incompletas de um livro como *De Ordinando Pontífice,* ou nas manifestações atribuídas a bispos, como Wazo de Liège, indicam que havia margem, nos anos de 1040, para a repercussão de outra reputação para o rei – uma que fosse tão ou mais pejorativa do que aquela que atingiu a figura pontifical. Mas, algum fator de diferenciação incidiu sobre a exigência legal criando medidas distintas de efetividade legal. Algo desativou o peso da lei e do direito em um dos casos. Dito de outra maneira: no século XI, corrupção não era mero sinônimo de violação da lei. Esta pode ser considerada o aspecto essencial, mas não era suficiente para que aquela adquirisse forma social. Nem todo violador do direito era um "corrupto". Um sinuoso percurso social devia ser trilhado para que uma transgressão emergisse como prática corrupta[88].

Esse percurso era, ao menos em parte, definido pela correlação de forças vigente. Não encontrei o suficien-

---

88. Cf. GROSSI, P. *A ordem jurídica medieval*. São Paulo: Martins Fontes, 2014.

te para dizer que razão moveu o rei em direção à tripla deposição: uma autêntica aversão a casos de simonia? A busca por assegurar a plena legitimidade da coroação imperial? Idealismo reformador? Pragmatismo dinástico? Uma combinação de ambos? O mais provável é que jamais saibamos. A passagem do tempo impõe perdas que a memória pode não superar. Por outro lado, há o suficiente para afirmar que a motivação, qualquer que tenha sido, rompeu a correlação de forças vigentes em Roma. No mesmo dia da deposição de Bento, a corte assegurou a eleição de um bispo germânico para o papado: Suger de Bamberg recebeu o nome Clemente II. Seu primeiro gesto foi ungir Henrique e Inês imperador e imperatriz dos romanos. Em seguida, talvez alguns dias depois, foram consagrados dois prelados. Um deles, o novo arcebispo de Ravenna, chamado Hunifredo, era filho do Conde Liuto de Mömpelgart-Wülflingen, cônego em Estrasburgo e chanceler de Sua Majestade. O outro, o novo bispo para Piacenza: Guido III, parente da imperatriz. Os inigualáveis recursos simbólicos e retóricos de que o bispado de Roma podia dispor estavam, agora, a serviço de uma parentela em que não havia uma gota de sangue romano, urdida fora do alcance de Tusculanos, Crescenzi, Pierleoni. Como agravante, no dia 5 de janeiro de 1047, o pontífice presidiu um sínodo, na presença do casal imperial, convocado para corrigir as negligências nas sagradas ordens [do clero]. Decidiu-se que todo aquele que houvesse sido ordenado sacerdote por um simoníaco ou não ignorasse ser simoníaco no momento da própria ordenação, cumpriria penitência de quarenta dias. Juntos, Bento e Gregório – depostos como simoníacos – pontificaram por catorze anos. Tempo em que, certamente, muitos sacerdotes foram empossados em Roma. O decreto, portanto, atingia uma década e meia de promoções ao clero local. Com isso, a maior parte dos que atuavam nos altares dentro e fora da muralha, provavelmente, foi implicada. A penitência ajudou a criar uma marca de degradação: fez da distinção entre os romanos e os não romanos a própria linha divisória entre desviante e íntegros, ilegítimos e legítimos[89]. Com efeito, ser romano, como Bento e Gregório eram, tornou-se um estigma. E era tal marca humana que os fazia ser reconhecidos como corruptos.

## 8

Não estou sugerindo que a coroa buscava varrer para o esquecimento os treze anos de pontificado de Bento. Isso levaria de roldão um longo histórico de cooperação com a realeza. Significaria anular privilégios, canonizações e excomunhões em torno dos quais os "melhores cristãos" modelavam a vida em sociedade. O que ocorreu naquele dezembro foi a tentativa de realizar uma tênue calibragem

---

89. HERMAN DE REICHENAU. *Chronicon*. MGH SS, v. 5, p. 126-127. • ANNALES ALTAHENSES MAIORES. MGH SS Rer Germ., v. 4, p. 43. • LAMBERTO DE HERSFELD. *Annales*. MGH SS, v. 5, p. 154. • BENZO DE ALBA. *Ad Heinricum IV imperatori Libri VII*. MGH SS, v. 11, p. 670. • MANSI, v. 19, col. 627-628.

jurídica, criando um padrão de ilicitude que preenchesse a biografia pontifícia parcialmente, sem perder o controle sobre a pressão da visão incriminatória. Era necessário que Bento fosse um legítimo antecessor pontifício e, ao mesmo tempo, culpado por uma ilegalidade remediável. O traço desse delicado ajuste legal adquire maior nitidez quando relacionamos dois diplomas concedidos por Henrique em janeiro. No dia 1º, ele confirmou ao religioso Adalberto e a seu irmão, Guimar, a posse de todos os bens da Igreja de Santa Trindade e São Quírico, com plena imunidade e direito de inquisição – isto é, de recorrer a testemunhos orais para atestar a verdade do privilégio caso fosse contestado ou o documento perdido. Ocorre que a concessão se deu na cidade de Colonna, no interior do território tusculano. É possível que Henrique tenha lavrado o diploma no bojo de uma campanha punitiva contra a linhagem e o próprio Bento, tal como seu pai, o Imperador Conrado, que legislara durante cercos e expedições. Dois dias depois, ao confirmar os direitos e posses do Mosteiro de São Pedro, em Perugia, o novo imperador se referiu ao estabelecimento religioso como aquele que "recebemos por amor divino e remédio de nossa alma [...] dos antecessores de nossos tempos; isto é, os imperadores Oto II e III, Henrique, também nosso pai Conrado, e igualmente dos pontífices romanos João, Gregório, Silvestre, João, Sérgio, Bento, João, Bento, Gregório...". Os dois últimos nomes correspondem a Bento IX e Gregório VI, publicamente relembrados como predecessores legítimos. Para todos os efeitos, a imagem do tusculano era apanhada na mesma teia que trouxe à tona a abdicação forçada de Gregório em Sutri: um malfeito o impediu de seguir "administrando o sacerdócio", mas tudo o que havia sido administrado até então deveria ser mantido[90].

Para a aristocracia romana, o fino arranjo canônico foi uma ruptura completa, sem meios-termos. Com Bento, Silvestre e Gregório impedidos de pontificar, estava desfeita a orquestração de forças alcançada em maio de 1045. Subitamente, as famílias que haviam repartido entre si o governo e a dominação foram alijadas do papado, perdendo o controle sobre o ponto a partir do qual, há quase três anos, foram redistribuídos poder de mando e riqueza. Com efeito, a elevação do bispo de Bamberg como Papa Clemente II abriu uma linha de fratura entre o alto clero e os magnatas locais, todos igualmente empurrados para as margens da vida pública. A Santa Sé situava-se, agora, longe do alcance das linhagens, que perdiam, assim, enorme parcela do poder para decidir o que era lei e justiça dentro e fora das muralhas romanas. O papa continuava residindo entre as sete colinas e ocupando-se das grandes festas e liturgias da cidade; porém, politicamente, o assento de bispo havia sido transferido para centenas de quilômetros dali, para além da cordilheira dos Alpes. O papado fora, ideologicamente, afastado de seu entorno social.

---

90. Para os diplomas imperiais: HENRIQUE III. Diplomas 178, 179. DD H. III, p. 220-223.

Isso se deu não só porque o bispado era ocupado por um prelado germânico, mas, especialmente, porque, durante o Natal de 1046, Henrique incorporou à coroação imperial a investidura como *Patricius Romanorum*. Título antigo, que remontava à época de Carlos Magno e distinguia seu detentor como o primeiro entre os romanos. Mas, tomá-lo para si significava mais do que incorporar outra honra ao augusto nome de "César". Há cerca de cinquenta anos, quando foi envergado pelos Crescenzi, o título assumiu a conotação cada vez mais efetiva de "defensor da Igreja", conferindo a seu detentor poderes para conduzir o processo de sucessão papal. Quando o converteu na última joia a ser incrustada na coroa imperial, Henrique lapidou o significado, dotando-o de inequívoca força jurídica; cabia a ele, como o patrício dos romanos, designar não apenas este, mas todos os próximos papas. Institucionalmente, o bispado deixava de ser romano[91].

A correlação de forças que envolveu o papado após a ascensão de Clemente II fez da condição de "ser romano" um agravante de ilicitude. Esse aspecto diferenciava

---

91. RUST, LD. *Colunas de São Pedro...*, p. 155-158. Cf. MAUNTEL, C. Beyond Rome – The Polyvalent Usage and Levels of Meaning of "Imperator" and "Imperium" in Medieval Europe. In: BRACKE, W.; NELIS, J.; MAEYER, J. (eds.). *Renovatio, Inventio, Absentia Imperii – From the Roman Empire to contemporary imperialism*. Turnhout: Brepols, 2018, p. 69-92. Cf. tb. McQUILLAN, S. *The Political Development of Rome: 1012-1085*. Washington: The Catholic University of America Press, 2002, sobretudo p. 15 a 30. • FALCONIERI, T.C. *Il Clero di Roma nel Medioevo: istituzioni e politica citadina (secoli VIII-XIII)*. Roma: Viella, 2002.

Bento de Henrique, fazendo com que sua transgressão fosse inserida em uma situação real mais problemática para os contemporâneos, que provocava reações mais contundentes. Como tal, sua figura como um todo – não somente seus atos – recebeu novo crivo, uma aparência arraigada como continuamente corrosiva ao exercício das prerrogativas eclesiásticas e ao convívio cristão. A imagem do papa como corrupto continha uma opção pelo direito; isto é, a interpretação legal a respeito de uma prática, um ato concreto – a simonia. Mas era a política que estabelecia seu alcance global: ela era propagada como um valioso elemento consolidador do novo estado das relações de poder envolvendo o papado. Era a dimensão política que conferia uma incidência ampliada ao fundamento jurídico e o dotava de maior eficácia motivadora perante as audiências cristãs.

O aspecto factual da corrupção de Bento IX era jurídico, mas a força que a tornava uma presença viva, impulsionadora da adesão social, era a política imperial.

# 4
# O CORRUPTO PROMETIDO: MANIPULANDO A OPINIÃO PÚBLICA

*Quando se pensa o ser, o último pensamento é o mais perigoso.*
Peter Sloterdijk, 2016.

**1**

Em 9 de outubro de 1047, Clemente faleceu. Caiu inesperadamente doente sob o teto da Abadia de São Tomás, entre Pesaro e Urbino, e descansou o sono dos antepassados. Em Roma, a notícia imprevista foi comando para uma ressurreição. Bento foi trazido de volta e, pela terceira vez na vida, tomou posse do bispado. Chama atenção a rapidez com que tudo foi feito. Entre o falecimento e a entronização, trinta dias. No dia 8 de novembro, havia um novo velho papa no palácio de Latrão.

É tudo que se pode demonstrar. Os registros, além de raros, são sumários, limitam-se a pontilhar o fato. Com a vontade de saber deixada à míngua, a frustração transborda. O episódio da terceira entronização de um papa, único na história do cristianismo latino, ficou por ser dito, foi relegado à noite do tempo. Com o passado assim transformado em quarto completamente escuro, resta centrar a atenção nos fragmentos que podemos palmilhar e, tateando as marcas do peso de relações de poder sobre um texto, tentar deduzir o que pode ter exercido pressão sobre o narrador. Detenhamo-nos nos *Annales Romani*, registro mais extenso. "Bento, conquanto vivesse em uma cidade chamada Tusculana, dividiu o povo romano graças à cupidez por regalias, e assim reinvadiu o poder da Santa Sé Apostólica". Ao falar em invasão, o redator formulou nítido julgamento: o retorno era uma ilegalidade manifesta, causada pela venalidade romana. Se Bento agiu de modo coercitivo, como fica patente, convém reparar que a coerção foi de natureza econômica, não militar. Regressou pela força da riqueza, não das espadas. O mesmo significado encontro na descrição feita por Leão de Mársica, na "Crônica de Monte Cassino": "Após nove meses, com Clemente morto, além das montanhas, o mencionado Bento, novamente de volta ao pontificado por cerca de oito meses, o manteve violentamente". Quase instintivamente nos inclinamos a encontrar na alusão ao "agir com violência" uma referência ao emprego da força física, significando que Bento se apoderou do papado através de um regime de terror e expurgos. No entanto, penso que devemos, uma vez mais, fazer prevalecer o sentido delineado pelos *Annales*: violentamente é aqui sinônimo de ilegalmente; de uma disputa pelo marco legal, não, necessariamente, pela integridade física. Pensando assim, parece-me plausível dizer que, em trinta dias, o tusculano assegurou sua eleição por uma parcela do "clero e do povo romanos". Se foi obtida a peso de fino ouro, era porque a aprovação era crucial para salvar a aparência canônica do retorno, sobrepujando assim o "direito de patriciato" devido ao imperador – a prerrogativa de designar o papa[92].

Em semanas, as vielas da cidade ancestral foram tomadas por farta distribuição de "regalias". O nome se refere a algo abrangente e não deve ser lido como sinônimo enxuto de "dinheiro". O termo em latim por trás do vocábulo é mais corpulento, inclui igualmente os significados de "prerrogativa", "favor", "recompensa", "privilégio". O que quer dizer que a eleição mobilizou recursos diversos. Financeiros, parece-me claro, mas simbólicos; capazes não apenas de enriquecer, mas distinguir, engrandecer o destinatário. Falando em "regalias", os *Annales Romani* permitem supor que o que ocorreu ultrapassou o *quid pro quo*. Os bens empenhados à mancheia faziam mais do que quitar o preço cotado para cada eleitor, eles asso-

---

92. Para os *Annales Romani*: DUCHESNE, L. (ed.). *Liber Pontificalis*, v. 2, p. 332. Quanto à citação de Leão de Mársica: CHRONICA MONASTERII CASINENSIS. MGH SS, v. 7, p. 683. "Clemente morto, além das montanhas" é uma referência ao fato de que o papa foi sepultado em Bamberg, onde primeiro foi bispo. O sentido prevalecente nos *Annales* também ocorre na *Vida e milagres do Papa Leão IX*": "Toda a cidade de Roma esteve enormemente em choque por seu falecimento [de Clemente]. Então ocorreu uma associação junto àquele apóstata que antes tinha sido prelado e Roma foi controlada em toda parte" (PONCELET, A. *Vie et Miracles du Pape S. Léon IX...*, p. 276-277).

ciavam os agraciados ao prestígio e poderio tusculano. O dinheiro – caso tenha sido utilizado – foi uma espécie de titulação, a consumação de um êxito social, uma prova de participar do prestígio da mais poderosa família romana. O retorno de Bento foi, portanto, parte de uma política familiar, não façanha individual. O próprio respaldo social da linhagem foi empenhado. Reempossá-lo exigiu alargar as maneiras de criar laços entre os Tusculanos e outros integrantes da sociedade local. Essa ampliação, no entanto, não foi um simples ato de boa vontade, sequer voluntário. Foi uma postura arrancada à força pela ocasião. As grandes famílias haviam sofrido imenso revés quando perderam, para a corte imperial, o poder para empossar os seus como papas. O controle sobre a vida política local passou às mãos de um forasteiro. Com aquele retorno, Bento foi novamente o elo de uma orquestração de interesses que implicou a aristocracia romana em caráter global. Através da reinstalação buscava-se atingir o mesmo propósito a que ele serviu em maio de 1045, quando renunciou ao papado. Isto é, perpetuar o poderio das famílias mais abastadas.

Precisamente aqui chegamos ao aspecto mais desafiador em toda a trama. A vasta articulação oligárquica em torno de Bento extrapolou as fronteiras do Lácio: seu principal apoiador foi o marquês da Toscana, Bonifácio de Canossa. Há um quê desconcertante na constatação. Pois além de vassalo imperial há anos, Bonifácio esteve presente no Sínodo de Sutri e no de Roma. Testemunhou a degradação pública do homem que, agora, contava com seu favorecimento. Como pôde o mais poderoso senhor do reino itálico tomar partido de um eclesiástico que seu suserano condenara e depusera? No entanto, mais impactante ainda é o fato de tal pergunta sequer ser formulada. Entre todos os estudos sobre os quais me debrucei, não encontrei nenhum que considerasse o alinhamento do marquês um tema intrigante, que requeresse explicação. Uma atmosfera de naturalização paira sobre o assunto, como se a reorientação da lealdade de vassalo e a associação com um sentenciado fossem condutas previsíveis e normalizadas, isentas de tensões e riscos. Como se a historiografia partisse do pressuposto de que a corruptibilidade era uma segunda natureza de um grande poder senhorial: algo que simplesmente aflorava, manifestava--se. É preciso resistir a essa posição-padrão. Ela encurta o campo da compreensão, provocando a renúncia silenciosa à busca pelo específico, pelos fatores responsáveis por aquilo que buscamos explicar. E, sobretudo, induz uma cegueira voluntária perante as maneiras de lidar com a corrupção. Vejamos isso um pouco mais de perto.

2

Poucos acumulavam tantas funções públicas no reino itálico como Bonifácio. Seu avô, Adalberto Atto, havia recebido os condados de Módena e Reggio do Imperador Oto I em 962, aos quais reuniu o de Mântua, quinze anos depois. Ao morrer, em maio de 988, legou ao filho, Tedaldo, amplo controle sobre as jurisdições existentes na região chamada Emília, que incluía ainda os condados de Parma, Piacenza, Cremona, Bérgamo e Bréscia. Tendo sucedido o pai em todas as honras públicas, Bonifácio, por sua vez, recebeu o título de Marquês da Toscana por volta de 1027. Nos anos de 1030, quando passou a assinar ainda como "marquês e duque", o senhor de Canossa encarnava a máxima delegação de poderes públicos a que poderia aspirar uma família itálica. Tal posição não pode ser reduzida à de "poder feudal" se, por tal expressão, designássemos o poder exercido como privatização de prerrogativas governamentais graças a uma incomparável riqueza fundiária. Não estou sugerindo que a concentração de terras por parte dos Canossanos possa ser negligenciada. A grande propriedade, com seus castelos e imunidades, foi um elemento gerador de poder para a linhagem, credenciando-a junto a sucessivos monarcas como aqueles que, entre os competitivos magnatas itálicos, dispunham de meios efetivos para administrar numerosas jurisdições e controlar populações inteiras do reino itálico. Contudo, a agressiva aquisição de novas propriedades fundiárias nem sempre precedia o acúmulo de vínculos com a corte imperial. Ao contrário. Especialmente na época de Adalberto Atto, a fidelidade ao rei e a obtenção de um ofício público abriram caminho para o crescimento patrimonial[93].

---

93. A respeito da concessão dos condados de Módena e Reggio: OTO I. Diploma 242. MGH DD K I; DD H I; DD O I, p. 343. Quanto a Mântua:

Dizê-lo importa para não perdermos de vista que Bonifácio ocupava uma posição modelada por um senso de pertencimento à *res publica* – ao espaço e à opinião públicos. Argumento que ganha força, ainda, em razão de uma singularidade dinástica. Refiro-me à regularidade com que os senhores de Canossa partilhavam a governança com os filhos – um dos filhos, melhor dizendo. Bonifácio atuou, precocemente, como sucessor político. Em audiências, julgamentos, assembleias, era possível vislumbrar sua silhueta ao lado do pai, que o levava consigo enquanto estava no pleno exercício das atividades, tomando parte em deliberações, oitivas e condenações. É incongruente supor que Bonifácio sustentara Bento sem qualquer escrúpulo jurídico ou noção de moralidade pública, como se movido apenas por interesses patrimoniais, já que seus domínios se estendiam até Roma. O mais provável é que,

---

Codex Diplomaticus Langobardiae. In: PORRO-LAMBERTENGHI, G. (ed.). *Historiae Patriae Monumenta*. Tomo 13. Turim: Regio Typographeo, 1873, p. 1.367-1.368. Há ainda o registro de que os Canossanos assumiram a direção do condado de Bréscia: MANARESI, C. (ed.). *I Placiti del Regnum Italiae*. Roma: Instituto Storico Italiano per il Medio Evo, 1957, v. II-1, n. 259, p. 452-454. A respeito dos títulos de marquês e duque, cf.: DONIZO. *Vita Mathildis*. MGH SS, v. 12, p. 364-367. • MANARESI, C. (ed.). *I Placiti del Regnum Italiae...*, v. III, n. 336, p. 36-37. • LAMI, G. (ed.). *Sanctae Ecclesiae Florentinae Monumenta*. Tomo I. Florença: Angelo Salutate, 1758, p. 45-46. A respeito da vinculação à coroa imperial como plataforma para a ampliação do poder senhorial dos Canossanos é emblemática a narrativa da *Vida de Matilde* sobre o papel de Adalberto Atto na salvaguarda da rainha Adelaide, esposa de Oto I, no contexto das guerras contra Berengário: DONIZO. *Vita Mathildis*. MGH SS, v. 12, p. 354-360. Cf. tb.: COSS, P. *The Aristocracy in England and Tuscany, 1000-1250*. Oxford: Oxford University Press, 2020, p. 16-33, 58-67.

contrariando nossas expectativas, de uma maneira que se torna inesperada em nossa leitura – e somente nela! –, o marquês tenha encontrado na restauração do tusculano uma causa compatível com sua maneira de conduzir os assuntos públicos. Aliás, não somente compatível, mas útil à boa ordem da sociedade cristã[94]. Como isso terá sido possível?

A resposta não é mirabolante. Separados por centenas de quilômetros, Tusculanos e Canossanos estavam unidos por uma mesma característica: uma estreita vinculação entre família e Igreja. Assim, o fundador da linhagem é dado à luz pelos documentos, preso por um cordão umbilical à voz eclesiástica. Filho de certo Sigefredo, Adalberto surge com a dupla face de quem era vassalo do Rei Lotário no condado de Lucca e guerreiro jurado de Adelardo, bispo de Reggio. Tedaldo, por sua vez, foi mencionado como o único laico que tomou assento junto aos arcebispos de Ravenna e Milão, e aos bispos de Pávia, Mântua, Cremona, Verona, Vercelli e outros, quando declararam, na primavera de 1004, fidelidade a Henrique II como rei dos itálicos, rejeitando as pretensões de Arduino de Ivrea à coroa, eleito por grande parte dos magnatas do reino. Em 1016, Bonifácio lutou ao lado do bispo de Vercelli, travando batalhas em nome de Henrique II. No ataque ao castelo de Orba, ele cavalgou ao lado dos bispos de

---

94. BERTOLINI, M.G. *Studi Canossiani*. Bolonha: Pàtron, 2004, p. 2-11, 185-196.

Parma e de Novara. Em 1037, foi peça-chave na repressão de uma revolta em Parma, que eclodiu em protesto contra o novo imperador, Conrado II, mas atingiu em cheio o predomínio episcopal sobre a cidade. Além do longo histórico de atuações públicas para barrar a interrupção do exercício do episcopado – razão suficiente para explicar o apoio ao regresso de Bento –, há gerações, os Canossanos empossavam os parentes em igrejas. Em algum momento entre 969 e 976, Adalberto assegurou ao filho, Godofredo, o posto de bispo de Bréscia. Nos anos de 980, foi a vez de um sobrinho, chamado Sigefredo, assumir o bispado de Parma. Tedaldo seguiu as pegadas do pai. Destinou nada menos que o primogênito, também chamado Tedaldo, à carreira eclesiástica: seria o bispo de Arezzo, entre 1023 e 1037. Bonifácio, portanto, possuía um tio como bispo de Parma e um irmão como bispo de Arezzo. Aos seus olhos, o que os Tusculanos faziam em Roma era uma boa prática da república; um reflexo, em carne e osso, de um laço necessário para a harmonia cristã[95].

---

95. Sobre Adalberto como *miles* do bispo de Reggio: BERTOLINI, M.G. *Studi Canossiani...*, p. 165. Sobre o envolvimento de Tedaldo com bispos itálicos no contexto do enfrentamento entre Arduino de Ivrea e Henrique II: ADABOLDO. *Vita Heinrici II Imperatoris*. MGH SS, v. 4, p. 687. • THIETMAR DE MERSEBURGO. *Chronicon*. MGH SS Rer. Germ. NS, 9, p. 280-285. Cf. tb.: BERTOLINI, M.G. *Studi Canossiani...*, p. 10-11. A respeito do envolvimento de Bonifácio no conflito por Henrique II: BERTOLINI, M.G. *Studi Canossiani...*, p. 183-193. O bispo de Bréscia: FUMAGALLI, V. *Le origini di una grande dinastia feudale: Adalberto Atto di Canossa*. Tübingen: Max Niemeyer, 1971, p. 34. • VIOLANTE, C. La Chiesa bresciana nel Medioevo. In: TRECCANI, G. (ed.). *Storia di Brescia*. Vol. 1. Bréscia: Morcelliana, 1963, p. 1.025-1.026. Os bispos de Parma e de Arezzo: DONIZO. *Vita Ma-*

Não estou sendo irônico. Tampouco empregando um argumento velado a respeito da "hipocrisia típica" de um senhor feudal, dando a entender que Bonifácio era voluntarista porque o poder o colocava acima das normas coletivas. Na verdade, o que estou tentando fazer é aplicar – e com isso testar – a conclusão a que chegamos no capítulo anterior. Que a imagem de corrupção atrelada a Bento era um fenômeno estruturado por uma correlação de forças específicas: mude a correlação e a imagem pode não emergir. Em se tratando dos Canossanos, as experiências acumuladas ao longo de gerações atuavam como um pano de fundo contra o qual a conduta de Bento era diluída, dissolvida no contexto de experiências prévias e absorvida como matéria duplamente familiar, tanto na acepção de algo habitual, conhecido, costumeiro, quanto na de algo próximo, doméstico, consanguíneo. Não havia o con-

---

*thildis*. MGH SS, v. 12, p. 361-362. • FUMAGALLI, V. *Le origini di una grande dinastia feudale...*, p. 22-34. • ROSSETTI, G. Origine sociale e formazione dei vescovi del Regnum Italiae. In: ZERBI, P. (org.). *Le Istituzioni ecclesiastiche della "societas Christiana" dei secoli XI-XII: diocese, pievi e parrochie*. Milão: Vita e Pensiero, 1977, p. 67-70. Cf. tb.: SERGI, G. I potere dei Canossa. In: GOLINELLI, P. (ed.). *I poteri dei Canossa, da Reggio Emilia all'Europa*. Bolonha: Pàtron, 1994, p. 29-41. • LAZZARI, T. Aziende fortificate, castelli e pievi: le basi patrimoniali dei poteri dei Canossa. In: CALZONA, A. (org.). *Matilde e il Tesoro dei Canossa, tra castelli e città*. Milão: Silvana, 2008, p. 96-115. Cf. tb.: VV.AA. Uomo e spazio nell'alto Medioevo – Atti 50. *Settimana di Studio del Centro Italiano di studi sull'alto Medioevo – Spoleto, 4-8 aprile 2002*. Espoleto: Cisam, 2003. • PUGLIA, A. Marca, marchio, comitatus, comes: spazio e potere in Tuscia nei secoli IX-XI. In: PETRALIA, G.; RONZANI, M. (eds.). *Dalla marca di Tuscia alla Toscana comunale: Atti del seminario di studi (Pisa, 10-12 giugno 2004)*. Florença: Reti Medievali, 2016.

traste necessário para que a restauração de um homem no bispado por sua parentela escalasse para escândalo. Portanto, arrisco a interpretação de que Bonifácio aderiu à causa de Bento não como quem fazia vistas grossas para a corrupção de um condenado. E, sim, porque aquilo que foi condenado pela corte imperial não era, na Toscana, a matéria social da qual a corrupção era feita[96].

No início dos anos de 1040, Bonifácio encontrou na crise enfrentada pelo arcebispo de Milão – outro prelado estranho aos grupos de interesse locais, pois havia sido escolhido por Henrique III, como Clemente em Roma – um campo de oportunidades para consolidar seu poderio como dominador da Itália. Logo se nota que a opção pelo regresso de Bento não foi ato isolado, mas o prolongamento de uma política contrária à hegemonia imperial. Constatar a convergência de interesses, porém, é uma coisa. Outra bem diferente é sugerir – como faz a grande parte da historiografia com seu silêncio naturalizado – que tenha sido desfraldada como *realpolitik*: a associação tática com forças reconhecidamente corruptas. A adesão de Bonifácio à causa de Bento expõe algo historicamente mais complexo e mais perturbador de um ponto de vis-

---

96. Bonifácio foi interpelado pelo próprio Pedro Damião como defensor da correta ordem eclesiástica. Em carta redigida em 1042 ou 1043, o eremita exortou-o à proteção de mosteiros: PEDRO DAMIÃO. Epístola 2. MGH Briefe d. dt. Kaiserzeit, v. 4/1, p. 102-105. Cf. tb.: CREBER, A. Mirrors for Margraves: Peter Damian's Models for Male and Female Rulers. *Historical Reflections/Réflexions Historiques*, v. 42, n. 1, 2016, p. 8-20.

ta moral: a corrupção era juridicamente incompleta. Não bastava recrutar códigos legais, dispor de tribunais e lavrar sentenças para assegurar que ela fosse reconhecida, pois sua forma social só emergia, plenamente, quando ela assumia significado político; quando contrastada com pano de fundo de correlações de poder que lhe fossem contrárias ou, ao menos, díspares[97].

Não era a presença da corrupção que explica o apoio do marquês da Toscana ao retorno de Bento. Era precisamente a falta dela.

**3**

Nos documentos reunidos na Abadia de Farfa, consta uma carta escrita por João, o "escriniário da Santa Sé" – oficial de chancelaria – e datada de 8 de dezembro de 1047. Na realidade, foi datada "no primeiro ano de pontificado de nosso senhor Papa Bento IX, após a recuperação [do papado]". O único registro propriamente papal que encontrei sobre o regresso. Menção protocolar, quase indiferente, mas que deixa transparecer a reputação atribuída ao fato: tratava-se de outro pontificado, a inauguração de nova época. Contudo, dezessete dias após o escoamento das areias do tempo, o final começou a ser escrito[98].

---

97. Cf. tb. BERTOLINI, M.G. *Studi Canossiani...*, p. 170-194.
98. Para a carta mencionada: GIORGI, I.; BALZANI, U. (eds.). *Il Regesto di Farfa*. Vol. 4. Roma: R. Societé, 1888, p. 90-91.

Pöhlde, 25 de dezembro. "Imensa multidão de bispos, abades, condes, marqueses e demais príncipes elegeu, segundo os decretos dos santos Pais, pontífice digno de toda plebe e de Deus". Há quase mil e quinhentos quilômetros de Roma, no interior da Saxônia, Papa Dâmaso II foi aclamado. O escolhido era outro prelado germânico. Desta vez, o Rei Henrique encontrou no bispado de Brixen "o pastor pudico, benigno e adornado com bons costumes" pelo qual os romanos haviam suplicado enviando emissários à corte "portando cartas". Munidos da decisão, os enviados retornaram imediatamente à cidade, preparando a chegada do novo pontífice. Já na Itália, Dâmaso, contudo, atrasou o passo. Na verdade, a meio caminho foi contido por Bonifácio, que surgiu dizendo: "não posso seguir consigo para Roma, porque os romanos reconduziram o papa e o poder, ao qual ele anteriormente renunciou, recebeu [de volta] e assim pacificou a todos". Os *Annales Romani*, fonte dessa cena, provavelmente, fictícia, asseguram que o marquês agiu "astuciosamente", dando a entender certa dissimulação, comportamento trapaceiro. Como vimos, há razões para considerar tal posicionamento uma convicção genuína. Pertencendo a uma linhagem que também fazia da carreira eclesiástica um campo aberto para o familismo, Bonifácio pode ter visto na retomada da autoridade eclesiástica por um parente de grandes magnatas uma maneira legítima para alcançar a paz. Além disso, talvez os *Annales* tenham distorcido as circunstâncias em obediência ao sentimento de romanidade de seu redator: apresentar Bonifácio como manipulador sorrateiro convertia em vício pessoal o fato de que os rumos da política romana eram traçados longe de Roma, na Toscana. Para um romano, era um ultraje que exigia culpado[99].

O restante da cena conduz à mesma premissa. Ao que tudo indica, transcorreram semanas de tratativas até Sua Majestade ditar um ultimato em formato de carta: "a ti, que reconduziste ao pontificado um papa canonicamente deposto e desprezaste nosso governo pela cupidez por regalias, faço saber que, se não te corrigires, rapidamente te forçarei à correção com o envio de meu parente e darei ao povo romano um pastor digno". Diante da ameaça explícita de uma nova expedição imperial sobre a península, Bonifácio recuou. Comunicou a Bento que providenciaria para que Dâmaso fosse escoltado a Roma. Em 16 de julho de 1048, pela terceira vez, o tusculano abandonou o trono papal[100].

Regressou para uma fortaleza familiar, mas, desta vez, sem se despir do vulto de pontífice. Em abril do ano seguinte, em um indício persuasivo de que ainda reivindicava o lugar de São Pedro, foi excomungado. Não por Dâmaso, que viveu somente vinte e oito dias após tomar posse do papado. Mas pelo sucessor desse: Leão IX, tercei-

---

99. DUCHESNE, L. (ed.). *Liber Pontificalis*, v. 2, p. 332-333.

100. Ibid. Cf. tb.: STROLL, M. *Popes and Antipopes: the politics of Eleventh Century Church Reform*. Leiden: Brill, 2012, p. 30-31.

ro eclesiástico de além-Alpes elevado na corte a pastor dos romanos. Após o concílio quaresmal, quando a excomunhão foi lida em público, Leão reuniu um exército e marchou sobre o território tusculano, destroçando campos e investindo contra as fortalezas da família que por mais de trinta anos traçou a arquitetura dos poderes romanos. A julgar pelo que se lê na *Vida e milagres do Papa São Leão IX*, antagonismos entre bispo e linhagem perduraram por anos: "o simoníaco Teofilato e seus irmãos, Gregório e Pedro, não cessaram de perseguir Roma". Do mesmo texto, as sete colinas surgem infestadas por assaltantes e ladrões que condes das regiões toscanas – especialmente o Conde Gerardo de Galeria – enviavam para "danificar" a cidade. Os herdeiros Crescenzi reuniram-se aos antigos rivais. Da cidade de Tívoli despachavam homens para cometer "muitos males, [a tal ponto que] o clamor foi emitido por todo povo romano perante o beatíssimo apostólico Leão, no palácio lateranense". No leito de morte, em 1054, o papa rogou pela ira de Deus contra Teofilato e seus irmãos, por semearem discórdia e cizânia[101].

Porém, antes que a cólera divina rebentasse sobre a terra, a ira de Bento arrefeceu. Morto Leão, ele reconheceu o sucessor, Vítor II – outro germânico – como legítimo papa. É provável que o gesto tenha sido realizado

---

101. DUCHESNE, L. (ed.). *Liber Pontificalis*, v. 2, p. 332-333. • PONCELET, A. *Vie et Miracles du Pape S. Léon IX...*, p. 277-278. • BORINO, G.B. *Invitus ultra montes cum domno papa...*, p. 6. • GUARNIERI, V. *I Conti di Tuscolo (999-1179)...*, p. 94.

por instigação de Bartolomeu de Grotaferrata, abade que faleceu no ano anterior exalando o aroma da santidade. Ele e o tusculano eram próximos. Entre os historiadores cogita-se, inclusive, que Bartolomeu tenha sido uma das vozes a chamá-lo à razão e convencê-lo a renunciar, em maio de 1045. Talvez, agora, em 1055, Bento vivesse recluso em Grotaferrata, mosteiro estabelecido por sua família, onde teria proferido os votos monásticos, renunciando ao papado em caráter perpétuo. Todavia, essa aparente conversão, se de fato ocorreu, coincidiu com uma transformação de maior monta. Temos evidências de que, após o fracasso do regresso de 1047, as grandes famílias protagonizaram uma lenta, mas contínua, retirada do espaço urbano, deslocando riquezas e prioridades para o interior rural. Um caso emblemático ocorreu em dezembro de 1053, quando a Condessa Imília, do ramo *Otaviani* dos Crescenzi, doou ao Mosteiro de Subiaco todos os bens que possuía no Castelo de Sant'Ângelo e arredores. A transferência para a posse religiosa do patrimônio existente em um ponto nevrálgico do espaço urbano ilustra como o revezamento de papas imperiais fez disparar o custo político da permanência das linhagens no interior das muralhas. As prioridades dinásticas estavam de mudança; dos casarões citadinos para as fortificações rurais. O campo de possibilidades de aceder ao papado por parte de um magnata, como era Bento, encolhia[102].

---

102. A respeito da proximidade entre Bento e Bartolomeu e sobre a possibilidade de que o papa tenha falecido como monge em Gro-

As circunstâncias da morte de Bento IX seguem inalcançáveis. Ocorreu, por certo, na passagem de 1055 para 1056. Vivia em 18 de setembro, quando doou metade da Igreja de São Pancrácio ao Mosteiro dos Santos Cosme e Damião. Porém, em 9 de janeiro, seus irmãos, Gregório, Pedro e Otaviano doaram grande jardim ao Mosteiro de São Lourenço, próximo à Basílica de Santa Maria Maggiore, tendo por contrapartida o compromisso dos religiosos de celebrar "quarenta missas", em que o sacramento fosse ofertado "à salvação e redenção de nossa alma, da de nosso irmão, o mencionado Sr. Bento, e de todos os nossos parentes". Foi entregue à terra, mas sua existência não cessou. Continuou a ser um corruptor: o transgressor cuja imagem estava sempre por ser completada pelo observador, o personagem cujo rosto era definido por intencionalidades, expectativas e interesses de cada nova geração. Os vermes roíam-lhe as carnes, mas se

---

taferrata: ORIOLI, G. La rinuncia di Benedetto IX al secondo pontificato e l'anno di morte di S. Bartolomeo di Grotaferrata. *Bolletino della Badia Greca di Grotaferrata*, v. 9, n. 3, 2012, p. 169-178, esp. 176. • LAZZARI, F I Teofilatti nel necrologio del sec. XI del monastero dei SS. Ciriaco e Nicola in via Lata. *Annali del Lazio Meridionale: Storia e Storiografia*, v. 14, n. 2, 2014, p. 7-19; cf. debate às p. 15-16. Quanto à doação realizada pela Condessa Imilia: ALLODI, L...; LEVI, G. (ed.). *Il Regesto Sublacense del Secolo XI...*, p. 81-82. • WHITTON, D. *Papal Policy in Rome.*, p. 115. O argumento de que os episódios de 1046 descortinaram uma crise na configuração regional da elite romana – realidade que, em meados dos anos de 1050, prolongava-se na forma de um sensível deslocamento político das grandes linhagens para o interior rural – se baseia ainda, extensamente, no panorama apresentado por Chris Wickham em seu estudo sobre a cidade de Roma entre os séculos X e XII: WICKHAM, C. *Medieval Rome...*

tornara incompleto – uma vida a ser politicamente preenchida – muito antes disso[103].

**4**

No tempo do Papa Leão IX – recordava o Cardeal
Beno quase quarenta anos depois – Bento buscou recon-
ciliar-se com a Santa Igreja. Mas a intenção, na realidade, era outra. Com astúcia, Teofilato simulou penitência
para aproximar-se de Sua Santidade e ganhar-lhe os ouvidos. Em pouco tempo, seus conselhos e a influência de
sua facção instigaram o pontífice contra os normandos.
Sem perceber a trapaça, Leão abandonou Roma, cruzou
os Alpes e, tendo reunido numerosos teutônicos, retornou para expurgar as terras itálicas da presença normanda. Inflamado pelas incitações do tusculano, atravessou
a Apúlia com o espírito já embrenhado na batalha. Enquanto o exército papal marchava para o desastre, Teofilato, que não ousava violar publicamente a fidelidade ju-
rada durante a reconciliação, enviou emissários secretos
aos normandos, intimando-os a entregar o ilustre prisio-
neiro assim que o tivessem capturado. Vencido, desolado,
Leão, no entanto, escapou de cair em mãos tusculanas,

---

103. Para as duas doações mencionadas no parágrafo: FEDELE, P.
Carte del monastero dei SS. Cosma e Damiano. *Archivio della R. Società Romana di Storia Patria*, v. 22, 1899, p. 54. • FERRI, G. Le carte
dell'archivio Liberiano dal secolo X al secolo XV. *Archivio della R. Società Romana di Storia Patria*, v. 27, n. 2, 1904, p. 190-191. • BO-
RINO, G.B. *L'Elezione e la deposizione di Gregorio VI...*, p. 388-389.

pois os captores foram mortos pela aproximação dos teutônicos[104].

Assim o cardeal explicava a ocorrência da Batalha de Civitate, travada em 18 de junho de 1053. Tratava-se de um episódio intelectualmente desafiador para um integrante do alto clero romano, como era o caso de Beno. Por várias razões. A lembrança de Leão derrotado e aprisionado pelos normandos pressionava a coerência do mundo ao ameaçar a certeza de que o sumo pontífice havia sido escolhido pela Providência Divina para guiar a Cristandade. Para um cardeal, era difícil viver uma realidade em que o sagrado clerical era enfraquecido por estragos colhidos com a guerra; em que a ordem do cosmos parecia tropeçar na contingência do agir humano. A recordação das tropas papais, contando com franca vantagem numérica, pisoteadas por três mil cavaleiros, enfraquecia a legitimidade da autoridade eclesiástica, que surgia impotente, como se a Divina Providência houvesse se encarregado de manter as espadas papais presas às bainhas. Leão era lembrado como um pecador que, obstinado, viu seu estandarte ser arrastado por um torvelino de matança. Os "normandos enviaram mensageiros ao papa procurando paz e harmonia, prometendo dar incenso e tributos em

---

104. CARDEAL BENO. *Gesta Romanae Aecclesiae Contra Hildebrandum*. MGH Ldl 2, p. 379. Cf. tb.: ROBINSON, I.S. *Authority and Resistance in the Investiture Contest: the polemical literature of the Eleventh Century*. Manchester: Manchester University Press, 1978, p. 151-190.

dinheiro, todos os anos, à Santa Igreja", dizia-se em Monte Cassino. Às promessas de lealdade ao trono apostólico, Leão respondeu com um silêncio tumular. Era, portanto, sua a responsabilidade por "todos [os] que foram trucidados; [por] ninguém ter escapado, a não ser alguém que os normandos pouparam por misericórdia". A recusa pela paz também era recordada nos *Feitos de Roberto Guiscardo*, cujo texto, escrito por volta de 1095, fez de Leão um líder já encurralado pela soberba antes da batalha ocorrer. Obstinado, soberbo, o papa era lembrado como um personagem maldito, que desprezara a conciliação às vésperas da batalha[105].

Além disso, era preciso prestar contas sobre Leão, já que sua expedição consumiu valioso aporte jurídico. Deixou para trás enorme passivo canônico, herdado pelos cardeais na forma de uma dívida de obediência às proibições quanto ao envolvimento clerical com a guerra. A tradição que instruía cristãos de todas as partes a enxergar no bispo de Roma o centro ordenador da salvação impedia clérigos de rumarem para a batalha. A história a respeito da tramoia de Teofilato transferiu os custos legais

---

105. BONNICI, T. (ed.). *Guilherme de Apúlia, Gesta Roberti Wiscardi: os Feitos de Roberto Guiscardo (c. 1095-1099 EC)*. Maringá: Diálogos, 2022, p. 136-139. • BONNICI, T. (ed.). *Godofredo Malaterra, os feitos do Conde Rogério da Calábria e da Sicília e de seu irmão Duque Roberto Guiscardo*. Maringá: Diálogos, 2020, p. 85-89. • BONNICI, T. (ed.). *Amatus de Montecassino – A história dos normandos (c. 1086 EC)*. Maringá: Diálogos, 2021, p. 177-185. Cf. tb.: DONVITO, F. The Norman challenge to the Pope: The Battle of Civitate, June 18, 1053. *Medieval Warfare*, v. 1, n. 4, 2011, p. 27-34.

para a casa de Túsculo: tornou o déficit uma obrigação laica. Para manter o mundo coerente, para conservar as linhas da realidade de acordo à visão de cardeal, Beno reuniu as ameaças em um único ponto, tornou-as administráveis e transferíveis ao enjaulá-las nos limites de uma unidade essencial: a índole corruptora de Bento. Simplificou o passado para salvar a legitimidade de sua posição institucional. A história garantia que o papado caiu refém de uma "facção" muito antes de o papa receber voz de prisão no teatro da guerra[106].

---

106. Embora Leão IX figure na historiografia como o principal responsável por traduzir o ideal da primazia romana em políticas concretas, amplificando as modalidades de reconhecimento e obediência à Sé Romana em diversos pontos da Cristandade, sua figura também angariou críticos e opositores. Um dos motivos foi a liderança da campanha militar contra os normandos. Observe-se, p. ex., o que escreveu o Cardeal Pedro Damião, no começo de 1062. Na ocasião, em carta endereçada a Olderico, bispo de Fermo, Damião buscava a exortá-lo a não enveredar pelo caminho das armas para defender a propriedade eclesiástica. Já prestes a encerrar a epístola, o cardeal se viu forçado a lidar com um previsível contra-argumento: "Agora, se alguém deve objetar meus argumentos declarando que o Papa Leão frequentemente se envolvia em atos de guerra, embora ele fosse santo, eu direi o que penso. Visto que Pedro não obteve o primado apostólico porque negou [o Senhor], e Davi não foi descoberto merecedor do dom da profecia porque violou os direitos matrimoniais de outro homem, bom e mal não são alcançados considerando-se os méritos [de alguém], mas devem ser julgados com base em sua própria natureza". Aos olhos do cardeal, havia um evidente paralelo teológico entre Davi ter violado um casamento alheio, Pedro ter negado Cristo e o papa ter rumado para a batalha. PEDRO DAMIÃO. Epístola 87. MGH Briefe d. dt. Kaiserzeit, v. 4/2, p. 514. As lembranças a respeito de Leão também abriam brechas na legitimidade do poder papal. A constatação se estende a Beno: pontífice eleito na corte germânica, Leão era um precedente algo embaraçoso para Guiberto, o arcebispo incensado a Papa Clemente III por Hen-

O antagonismo regeu a coexistência entre Bento e Leão. Nas *biografias* escritas sobre este último, o tusculano figura como um *inimigo interior*, responsável por manter os romanos separados da justiça, contra quem o papa germânico lutou com todas as armas; de espirituais, como a excomunhão, a mundanas, vingando "o povo" com o envio de um exército para as terras de Túsculo. Mesmo no fim, envolto pelo manto da morte, ele orou para que o rival fosse abatido por um santo castigo. É improvável que uma reconciliação tenha ocorrido, ainda que tenha sido através de uma humilhação pública como penitente. É igualmente difícil ver Bento conspirando secretamente com normandos. Sua linhagem mantinha alianças com os príncipes de Cápua, cujo poder era progressivamente minado pela expansão normanda sobre o sul peninsular. Tratava-se de uma solidariedade de longa data, cimentada, inclusive, por enlaces matrimoniais. Entre negociar e guerrear, a família de Bento era atraída, pela força das alianças, para a segunda opção. Em resumo, tudo que o Cardeal Beno relatou parece ter sido criado pela imaginação. Era uma invenção posterior ditada pela necessidade ideológica[107].

Espero não ter provocado uma sensação de prolixidade, de ter levado nossa leitura para caminhar em cír-

---

rique IV e ao qual o cardeal aderira depois de desertar de Gregório VII em 1084. Cf. tb.: HOWE, J. *Before the Gregorian Reform: the Latin Church at the turn of the First Millennium*. Ithaca/Londres: Cornell University Press, 2016, p. 297-313.

107. PONCELET, A. Vie et Miracles du Pape S. Léon IX..., p. 275-279. • *Vita Papae Leonis IX*. MGH SS Rer. Germ., v. 70, p. 170-184.

culos. Sei que, a essa altura do livro, insistir que a ideia de corrupção se tornava completa apenas politicamente, ao ser preenchida pela lealdade, a convicção e o interesse do narrador, é flertar com a repetição. Mas o fiz porque o caso do Cardeal Beno revela, com uma clareza incomum, um aspecto decisivo, do qual ainda não nos ocupamos. Para que a imagem da corrupção emergisse era preciso ainda inteirá-la com os interesses, as convicções e as lealdades da audiência à qual se dirigia. Conduzir a opinião pública era essencial.

Beno era um cardeal peculiar. Falava em nome do grupo que desertara de Gregório VII em 1084 e tomara o partido de Henrique IV e do prelado elevado pelo rei ao posto de sumo pontífice, Guiberto de Ravenna. Embora fosse um eclesiástico itálico, Guiberto foi eleito no sínodo de Brixen, em 1080, por um plenário imperial. Sua candidatura ao trono de Pedro decorria, acima de tudo, da autoridade da coroa e do apoio de parcela expressiva do alto clero lombardo. Neste sentido, a trajetória assumia notável semelhança com a de Clemente II, Dâmaso II e Leão IX, entronizados graças ao respaldo imperial. Cada falta, culpa e transgressão imputadas a esses personagens eram um precedente direto para o curso de ação recentemente adotado nas audiências imperiais. Ao transferir a responsabilidade pela trágica decisão de enfrentar os normandos, Beno eximiu não só Leão, mas o que esse representava: o respaldo imperial ao papado. Bruno – nome de batismo – havia sido eleito "em um grande concílio de bispos e de outros príncipes, reunido na cidade de Worms na presença do glorioso Henrique [III], imperador dos romanos. [...] Sem suspeitar de coisa alguma, foi unanimemente escolhido para tomar o fardo do ofício papal". Em outro texto, também escrito como uma *Vida e milagres do Papa Leão IX*, consta que as primeiras palavras reservadas ao rebanho foram estas: "ouvi, ó irmãos caríssimos e nobres romanos. Eu, um indigno bispo das regiões da Gália, fui colocado na direção [da Sé] de Roma por ordem do Imperador Henrique". Ser eleito por bispos e príncipes, por desígnio do rei, era um *modus operandi* do qual a elevação de Guiberto era o caso mais recente. Ele que, por sinal, havia sido eleito em uma "assembleia de trinta bispos e de líderes do exército, não somente da Itália, mas da Germânia, reunidos por ordem real"[108].

Bispos, príncipes e líderes do exército germânico: eis o público para o qual Beno escrevia. Quando assegurava

---

108. PONCELET, A. *Vie et Miracles du Pape S. Léon IX...*, p. 275-279. • *Vita Papae Leonis IX*. MGH SS Rer. Germ., v. 70, p. 170-184. • *Conventus et Synodus Brixinensis*. MGH Const., v. 1, p. 117-120. Bonizo de Sutri registrou que Guiberto foi vestido com as insígnias papais em junho de 1080, data do sínodo de Brixen. Cf. BONIZO DE SUTRI. *Liber Ad Amicum*. MGH Ldl, v. 1, p. 613. Há um diploma de Henrique IV, datado do dia seguinte ao Sínodo de Brixen, em que Guiberto é mencionado como "venerável arcebispo e nosso diletíssimo eleito apostólico para a Suma Sé". Cf. HENRIQUE IV. Diploma 322. MGH DD H IV, p. 422-423. No entanto, como lembra Ian Stuart Robinson, "retornando para Ravenna após o concílio, ele [Guiberto] não fez reivindicação alguma às insígnias ou ao título de papa pelos próximos quatro anos. [...] Guiberto não ve a si mesmo como papa eleito após Brixen: o sínodo o designara, não elegera". Cf. ROBINSON, I.S. *Henry IV of Germany...*, p. 201.

que o terrível desfecho de *Civitate* não fora obra de Leão, o cardeal demonstrava que o mal não era consequência de decisões consumadas nas ilustres assembleias de além-Alpes. O pecado e o desastre eram frutos romanos. A corrupção de Teofilato era arquétipo da culpa para um romano e contramodelo de isenção para uma audiência imperial, em que Beno encontrou a fonte da autoridade para o papado. Nesse jogo de contraposições, sua escrita se voltava mais para a obtenção da cumplicidade de leitores e ouvintes do que para o desvelamento do passado.

## 5

Em algum momento entre dezembro de 1059 e julho de 1061, outro cardeal, desta vez o eremita Pedro Damião, confiou ao pergaminho a seguinte história. Certo senhor, que viajava para um canto do mundo, cruzou por um moinho. Subitamente, viu um "enorme monstro", que "aparentemente, possuía orelhas e cauda de asno, enquanto todo o restante era o corpo de um grande urso". Quando a ideia de fugir finalmente lhe cruzou a mente, a odiosa figura começou a falar com voz humana: "não temais, meu bom senhor; por favor, tende certeza de que já fui um homem como vós. Entretanto, porque vivi como um animal, fui recompensado após a morte sendo condenado a parecer um animal". E, então, quando o viajante perguntou quem era, o monstro respondeu: "tive apenas o nome Bento, aquele que recentemente se apossou da totalidade da Santa Sé indignamente". E prosseguiu: "até o dia do Juízo, sou arrebatado e arrastado por lugares áridos e cobertos de sarça, que, tomados por incêndios, são fétidos e exalam enxofre. Mas após o Juízo, meu corpo e minha alma serão engolidos, em torturas irremediáveis, no caldeirão fervente das profundezas do inferno, de maneira que para mim não há qualquer esperança de um dia haver descanso". Após assim dizer, desapareceu.

Segundo Damião, não havia mistério por trás da visão. Bento havia sido visto em tal forma porque "viveu na imundície da luxúria da vida do começo ao fim de seu funesto pontificado". O Livro de Ezequiel esclarece, o cardeal prosseguiu, que aqueles que se dão às imundícies do sexo têm a carne como a do asno, "um animal luxurioso". A compulsão carnal também explicava o fato de Bento ter os demais membros com a aparência de urso. "É ensinado por filósofos naturais que, quando pare, a ursa não dá à luz um filhote, como é costumeiro aos demais animais, mas produz um pedaço de carne". À medida que lambe e acaricia com a língua, a fêmea lhe dá a forma de criatura, moldando-a à sua semelhança. "Portanto, é justo que aquele que vive de maneira luxuriosa e carnal assuma a aparência de um asno e de um urso" – concluiu o eremita[109].

Quando narrou a história do fantasma bestial de Bento IX, Damião se empenhava para convencer o papa, Nicolau II, a dispensá-lo das atribuições acumuladas

---

109. A referência para os dois últimos parágrafos consiste em: PEDRO DAMIÃO. Epístola 72. MGH Briefe d. dt. Kaiserzeit, v. 4/2, p. 337-338.

como bispo de Gubbio. Em fins de 1058, tão logo soube que o papado fora confiado a um novo eleito, o religioso compôs um longa carta na qual reunia diversos precedentes, demonstrando que a renúncia ao episcopado era procedimento canônico e apropriado, sobretudo se decorria de idade avançada e de um estado de saúde débil, como era seu caso. Porém, como observou Owen J. Blum, a carta parece não ter encontrado o destinatário. Talvez, sequer tenha sido enviada. Cerca de um ano depois, o eremita voltou à carga. Compôs uma segunda versão da carta, incrementando a primeira redação até reunir trinta precedentes para a sua desejada abdicação. Eram casos variados, retirados um pouco por toda parte, dos escritos dos Pais da Igreja às histórias que circulavam, de boca em boca, entre o alto clero romano. A visão a respeito de Bento IX aparece na segunda versão; esta, sim, enviada a Nicolau. O relato, portanto, era acréscimo recente, provocado pelo contexto da primeira metade do ano de 1059. A referência que desencadeara a história não era o passado, o "pontificado funesto" do tusculano, mas algo do presente vivido pela audiência visada pelo narrador[110].

Em abril de 1059 Roma foi palco de um dos mais importantes concílios da história do papado. À assembleia constituída por cento e treze bispos, além de abades e religiosos, Nicolau submeteu decisões que repercutiriam

---

110. BLUM, O.J (ed.). *The Fathers of the Church: Medieval Continuation...*, v. 3, p. 116, nota 2.

por décadas sobre o exercício da autoridade católica – incluindo o estabelecimento de novos procedimentos para a eleição pontifícia. Ao todo, treze cânones foram aprovados pelo concorrido plenário eclesiástico. Um desses cânones, que a posteridade catalogaria como "número 3", impôs regras severas sobre um assunto espinhoso: a vida sexual do clero. "Que ninguém assista à missa de um sacerdote do qual se sabe com certeza que mantém uma concubina, ou vive com qualquer mulher", martelaram os padres conciliares já na primeira linha. E prosseguiram, mais incisivos: "o santo sínodo estabeleceu este cânone, sob [pena de] excomunhão, dizendo [...]: qualquer sacerdote, diácono ou subdiácono que, depois da constituição relativa à castidade clerical, promulgada por nosso santíssimo predecessor, o Papa Leão [...] tome ou tenha concubina, se não a deixar [...] ordenamos e nos opomos a que celebre a missa ou cante o Evangelho, ou leia a epístola, ou sequer tome parte do presbitério [...] ou receba algo da Igreja até que sentenciemos, com a ajuda de Deus, sobre tal questão". Vista de longe, do mirante erguido por séculos de vigência do celibato no catolicismo, a decisão pode parecer previsível ou rotineira[111]. Não era.

A decisão encampada por Nicolau provocou vívidas reações. Em 1060 – portanto, por volta da mesma época em que Damião compôs a segunda versão da carta de re-

---

111. CONCILIUM LATERANENSE. MGH Const., v. 1, p. 547. • MANSI, v. 19, col. 897-898. Cf. tb.: PARISH, H.L. *Clerical Celibacy in the West, C.1100-1700*. Furnham: Ashgate, 2010, p. 87-122.

núncia – uma epístola que levava a assinatura de Ulrico, bispo de Ímola, fez circular os protestos de boa parte do clero contra a medida conciliar. A proibição era uma afronta à autoridade do Novo Testamento, de Agostinho de Hipona, de Jerônimo, do Papa Gregório I; enfim, de todos os que, mencionados por Ulrico, demonstravam que o casamento clerical era não só tolerável, mas previsto pelas leis da Igreja. Nicolau enfrentava resistência a respeito da castidade eclesiástica. Quando uniu pulsão sexual à figura de Bento IX, o Cardeal Damião fez com que as resistências ao cânone de 1059 – teologicamente desafiadoras – surgissem como sinônimo de uma ilicitude que poucos disputariam, pois publicamente condenada e repudiada por diversos círculos eclesiais: a passagem do tusculano pelo papado. Era, logo se vê, uma associação de enorme utilidade ideológica para a política pontifícia de fim dos anos de 1050[112].

Damião se valeu da reputação de Bento como um prelado venal, deposto pela corte e inveterado adversário

---

112. ULRICO DE IMOLA. *Epistola de Continentia Clericorum*. MGH Ldl, v. 1, p. 254-260. A oposição, aliás, não foi restrita à Península Itálica. Cf. MEIJNS, B. Opposition to Clerical Continence and the Gregorian Celibacy Legislation in the Diocese of Thérouanne: The Tractatus Pro Clericorum Conubio (c. 1077-1078). *Sacris Erudiri*, v. 47, 2008, p. 223-290. Para um panorama da questão: BARSTOW, A.L. *Married Priests and the Reforming Papacy: the eleventh century debates*. Nova York/Toronto: The Edwin Mellen Press, 1982. • BLUMENTHAL, U.-R. The Prohibition of Clerical Marriage in The Eleventh Century. In: DEUSEN, N. (ed.). *Chastity: a study in perception ideals, opposition*. Leiden: Brill, 2008, p. 61-75. • McLAUGHLIN, M. The Bishop in the Bedroom: Witnessing Episcopal Sexuality in an Age of Reform. *Journal of the History of Sexuality*, v. 19, n. 1, 2010, p. 17-34.

de Leão IX e o transformou em patrono espiritual de todos os que se opunham ao decreto disciplinador de Nicolau II. Escrevendo para obter aprovação, o cardeal lançou mão de um assunto prioritário para o interlocutor, a criminalização da vida sexual durante o sacerdócio, e completou, politicamente, a imagem jurídica do tusculano, atualizando sua eficácia em desempenhar um papel social decisivo: o de ser o contraponto que conferia respeitabilidade espiritual e coerência intelectual a quem se empenhava pela castidade clerical, como era o caso de Nicolau e de seu círculo de apoiadores. Na tentativa de influenciar a consciência do papa, Damião reinventou Bento como um corruptor sexual.

### 6

No entanto, não se tratava exclusivamente do papa. O cardeal tentava, igualmente, cativar uma audiência muito mais vasta. No final de 1059, Nicolau o enviou a Milão com a missão de restaurar a disciplina clerical. Há anos, o arcebispo milanês era alvo de severa oposição. Foi assim desde o começo. Guido de Velate, na realidade, havia sido apanhado na rede de um conflito em curso. Em 1045, quando o imperador o escolheu para a assumir a Igreja de Santo Ambrósio, encontrou o bispado contestado por vastas parcelas do clero e do povo, que se empenharam pela eleição de outros candidatos. Tão logo ele ingressou na cidade, as acusações de simonia se multiplicaram, com verve e virulência. Guido, no entanto, contava com forte apoio imperial e papal. Esteve presente no Sínodo de Sutri, em 1046 – acusado, deliberou como juiz de simoníacos. Em 1050, sua eleição foi considerada canônica por Leão IX. Nos anos seguintes, Guido se apresentou como liderança espiritual. Por volta de 1053, instituiu nova liturgia na cidade, as festas de exaltação da Santa Cruz. A oposição, porém, não cedeu. Na realidade, recrudesceu em 1056 com a chegada de um pregador incendiário: filho de proprietário rural, Arialdo era um diácono erudito, versado nas artes liberais e determinado a denunciar os vícios do clero ambrosiano, especialmente o hábito de "ostentar esposas como laicos". As pregações mobilizaram amplos segmentos da sociedade milanesa, a tal ponto que as pressões para que fossem prestados juramentos de obediência à castidade provinham de todas as partes, de magistrados aos trabalhadores, de laicos ao baixo clero. Em setembro de 1057, Arialdo e outras lideranças apelaram ao papado pela aprovação apostólica de suas ações; enquanto o alto clero, capitaneado por Guido, assegurava a excomunhão dos pregadores em um sínodo provincial, realizado em Fontaneto. Em dezembro, legados pontifícios chegaram à cidade: Hildebrando de Soana e Anselmo de Lucca. Decidiram favoravelmente aos pregadores, condenando o arcebispo como simoníaco. Com o apoio papal, Arialdo intensificou as pregações contra o alto clero ambrosiano, conclamando a população a uma "greve litúrgica"; isto é, à recusa em aceitar sacramentos ministrados por sacerdotes simoníacos ou casados. A situação então escalou rapidamente. Igrejas foram profanadas, enquanto os pregadores foram alvos de tentativas de assassinato em pleno Domingo de Páscoa. No inverno, chegou Damião, incumbido por Nicolau II de restabelecer a ordem eclesiástica[113].

O cardeal relatou em carta o curso de sua missão. Trata-se de registro minucioso, que mereceria um capítulo à parte. Nele, Damião descreveu, pacientemente, a resistência do clero a ser julgado por Roma; transcreveu o discurso dirigido por ele aos recalcitrantes; detalhou os termos da promessa pública imposta ao arcebispo; bem como a nova fórmula instituída para o ordenamento clerical. Temas repletos de implicações para a eclesiologia medieval. Este, no entanto, não é o momento para analisá-los. Aqui, basta notar um único aspecto. Que a missão milanesa marcou Damião como a ocasião em que ele, um eremita acostumado à solidão do claustro, viu-se forçado a falar ao "povo cristão". Eis uma tensão que percorre todo o re-

---

113. O parágrafo foi baseado nas seguintes narrativas documentais: ANDREA DE STRUMI. *Vita Sancti Arialdi*. MGH SS, v. 30/2, p. 1.051-1.057. • LANDOLFO. *Historia Mediolanensis*. MGH SS, v. 8, p. 76-84. • ARNULFO DE MILÃO. *Gesta archiepiscoporum Mediolanensium*. MGH SS, v. 8, p. 18-20. • BONIZO DE SUTRI. *Liber ad Amicum*. MGH Ldl, v. 1, p. 591-593. Cf. tb.: GOLINELLI, P. *La Pataria: lotte religiose e social nella Milano dell'XI secolo*. Milão: Európia/Jaca Book, 1984, p. 10-15. • MICCOLI, G. *Chiesa Gregoriana: ricerche sulla Riforma del secolo XI*. Roma: Herder, 1999, p. 127-159. • CUSHING, K. Of Locustae and Dangerous Men: Peter Damian, the Vallombrosans, and Eleventh-century Reform. *Church History*, v. 74, n. 4, 2004, p. 740-757. • NAGY, P. Collective Emotions, History Writing and Change: The Case of the Pataria (Milan, Eleventh Century). *Emotions: History, Culture, Society*, v. 2, n. 1, 2018, p.132-152.

lato. Ela teria tido início, escreveu ele, três dias após ter anunciado o propósito que o levara à cidade: então, um "murmúrio se ergueu subitamente entre o povo a partir de uma facção de clérigos." O "clamor dos tumultuadores, por fim, cresceu, de modo que das diversas partes [da cidade] eles se reuniram diante do palácio episcopal, fizeram dobrar os sinos e, então, toda a cidade foi despertada pelo ressoar de uma poderosa tuba que aí estava". Visto sob os olhos do cardeal, o embate com os "clérigos que viviam com mulheres em violação da regra da castidade clerical", a luta contra "fornicadores que ingressavam nesta sórdida união" transbordou as fronteiras do clero, sendo travada contra uma massa urbana. Foi um enfrentamento contra "o povo fremente", levado adiante "para a irritação do povo enfurecido" – segundo escreveu. "Tendo sido entregues os argumentos sobre a prerrogativa e o primado da Sé Apostólica, todo o povo se tornou benévolo e com uma única voz prometeu realizar o que quer que fosse ordenado": o interlocutor é sempre a multidão cristã[114].

No contexto de 1059, quando tratou da sexualidade clerical, Damião se dirigiu ao "povo cristão", a uma audiência incomparavelmente maior do que um círculo de letrados

---

114. Todas as citações do parágrafo foram retiradas de: PEDRO DAMIÃO. Epístola 65. MGH Briefe d. dt. Kaiserzeit, v. 4/2, p. 228-247. Cf. tb.: NORTH, W. Reforming Readers, Reforming Texts: The Making of Discursive Community in Gregorian Rome. In: KALAS, G.; DIJK, A. (eds.). *Urban Developments in Late Antique and Medieval Rome: Revising the Narrative of Renewal*. Amsterdã: Amsterdam University Press, 2021, p. 299-330.

eclesiásticos. A história sobre a visão do fantasma de Bento estava imbuída dessa lógica, concretizava essa experiência. Ultrapassava o limite da doutrina e atingia o campo maior do imaginário cristão sobre a vida e a morte. A corrupção sexual guarda, aqui, as marcas da busca por uma versão popular da imposição das normas eclesiásticas[115].

7

Por séculos, a invenção conservou as características originárias de uma reputação perturbadora, mas vaga; inquietante, mas volátil. "Viveu luxuriosamente" – a declaração saía assim, turvada, um borrão de cores vivas, sem contorno de fato ou façanha. Foi assim até a virada para o século XXI. Então, algo mudou. Aconteceu rápido. Com o ciberespaço, surgiram detalhes copiosos, circunstâncias singulares, tudo trazido à tona com a ligeireza de um *click*. A reputação de corruptor sexual do tusculano incorporou as características do universo digital: absor-

---

115. Sobre o caráter "popular" desse imaginário: SCHMITT, J.-C. *Os vivos e os mortos na sociedade medieval*. São Paulo: Cia das Letras, 1999. • MORÁS, A. *Os entes sobrenaturais na Idade Média: imaginário, representações e ordenamento social*. São Paulo: Annablume, 2001. Ademais, a argumentação também mobilizou a conhecida caracterização da retórica damiana como um discurso modulado para uma instrução moralizante de segmentos populares: MOORE, R.I. *The First European Revolution...*, p. 65-111. • CUSHING, K. *Reform and the Papacy in the...*, p. 120-125. • RANFT, P. *Theology of Peter Damian: "let Your Life Always Serve as a Witness"*. Washington: The Catholic University of America Press, 2012, p. 185-211. • JASPER, K. Peter Damian and the Communication of Local Reform. *The Catholic Historical Review*, v. 104, n. 2, 2018, p. 197-222.

veu informações de modo automático, veloz e em grande escala. Na *Wikipedia*, cujo texto atinge expressiva circularidade, no verbete em inglês para "Papa Bento IX", lê-se que "Papa Vítor III, em seu terceiro livro de *Diálogos*, referiu-se aos seus estupros, assassinatos e outros atos indizíveis de violência e sodomia". Vítor é Desidério de Monte Cassino e a obra em questão fala em "adultérios", "massacres", "rapinas" – não menciona "estupros" ou "sodomia" quando se trata do papa. Não é uma tecnicalidade sem importância. Os acréscimos pontuais fazem com que a ideia da compulsão sexual assuma, implicitamente, a forma de um hipertexto, de uma rede de "nós" virtualmente conectados, que se remetem uns aos outros, uma informação volumosa a se desdobrar em vários links. Quem navega até a afirmação de que "suas festas sexuais transformaram o Vaticano num prostíbulo masculino" sente os olhos atracarem não em uma mera citação ou num tópico isolado, mas em informação oriunda de um fluxo. E à medida que imergimos nesse fluxo, avançando de *click* em *click* nessa interface-em-espaço-contínuo, nossa receptividade ao que é comunicado se alonga, é espichada para níveis de assimilação mais e mais plásticos. A correnteza de websites, fóruns e blogs imprime uma força adesiva a afirmações que dão saltos descritivos: "para tornar as coisas ainda piores, as orgias [de Bento IX] envolviam outros homens e animais"[116].

---

116. Para o verbete da Wikipedia: https://en.wikipedia.org/wiki/ Pope_Benedict_IX O registro mais antigo para a afirmação de que

A constante participação dos usuários na elaboração do dispositivo de informação amplia, continuamente, a força aderente daquilo que é comunicado – a imagem de Bento IX. Adesão que é reforçada ainda por outro modo característico de compartilhamento da informação na cibercultura: a simulação. No caso, trata-se do uso de imagens e animações como modelos de ajuda à memória de curto prazo, permitindo a formulação e exploração rápida de hipóteses de trabalho, reificando-as. A simulação ocorre, sobretudo, através de vídeos disponibilizados no YouTube. Resulta da técnica conhecida como colagem digital: a composição e sobreposição de imagens, fotos, desenhos e pinturas. Longe de ser simples acessório, adendo circunstancial à narrativa, a colagem reconfigura o texto, posicionando-o como um campo de experimentação visual, de certa interatividade pelo olhar. Com isso encurta-se a distância emocional entre observador e significado

---

Bento transformou o Palácio Vaticano em um prostíbulo masculino é: FLETCHER, L.Y. *The First Gay Pope and other records*. Boston: Alyson Publications, 1992, p. 19. As referências a uma vida sexual dissoluta e devassa aparecem em numerosos websites, eis alguns exemplos: https://www.vice.com/en/article/evgdja/very-bad-popes-who-were-inarguably-more-scandalous-than-young-pope • https://historycol lection.com/17-popes-who-didnt-practiced-what-they-preached/16/ • http:// queerhistory.blogspot.com/2010/08/benedict-ix-first-prima rily-gay-pope.html A alusão a uma sexualidade animalesca também é recorrente na web, eis alguns casos: https://allthatsinteresting.com/ benedict-ix • https://manchesterhistorian.com/2015/three-strikes-you re-out-the-scandalous-life-of-pope-benedict-ix/ • https://www.thedai lybeast.com/from-incest-to-blasphemy-meet-the-least-saintly-pope-in-history Todos os sites mencionados nesta nota foram acessados em 01/07/2022.

comunicado. O contato com a narrativa torna-se mais propício à acolhida e à subjetivação[117].

Contudo, seria um equívoco atribuir às características das modalidades de gestão da informação no ciberespaço a causa da difusão e da ampliação da imagem de corruptor sexual de Bento IX. A ampla adesão a essa imagem não resulta apenas das características da digitalização das formas de comunicação, mas também da massificação da associação entre sexualidade e poder papal ocorrida entre 1990 e 2020. Refiro-me a como noticiários nacionais foram, nessa época, povoados por menções sobre o envolvimento do papado com crimes sexuais. Entre 1991 e 1999, na mesma época em que ocorria a popularização da cibercultura, os casos de violação sexual envolvendo a hierarquia católica pululam na Europa e na América Latina. "É a partir do ano de 2000 [diz o vaticanista Claudio Rendina] que atos de pedofilia eclesiástica são vistos com mais frequência na Igreja de Roma. A imprensa divulga regularmente a notícia com destaque cada vez maior." Com a aurora do novo século, os escândalos de corrupção sexual alcançam o colégio de cardeais: em março de 2002, o Cardeal Edward Egan foi implicado no acobertamento de criminosos; mesma época em que o Cardeal Bernard Law foi

---

117. Alguns vídeos a respeito de Bento IX foram acessados em: https://www.youtube.com/results?search_qu ery=benedict+ix – Acesso em 02/07/2022. Para a argumentação constante no parágrafo cf. tb.: LÉVY, P. *Cibercultura*. São Paulo: Ed. 34, 1999, p. 167-169. Cf. tb.: SANTAELLA, L. *Imagens líquidas na era da mobilidade*. São Paulo: Paulus, 2007.

incriminado pelo jornal *Washington Globe*; entre 2002 e 2007, o Cardeal Francis George figurou no centro de outro escândalo. Entre 2005 e 2013, o pontificado de Bento XVI foi varrido por uma enxurrada de dezenas de milhares de revelações neste sentido: 5.948 sacerdotes nos Estados Unidos, 1.880 na Austrália, 1.670 na Alemanha, 800 na Holanda... Com efeito, na virada do século a associação entre abusos sexuais e papado foi rotinizada, sendo incorporada como expectativa de sentido por parte das audiências. As acusações de corrupção sexual envolvendo um papa medieval contam com certa presunção de veracidade, em razão da Igreja Católica contemporânea[118].

Aqui, o passado medieval não precede, prolonga a contemporaneidade. Bento IX é um somatório de expec-

---

118. A citação de Claudio Rendina: RENDINA, C. *Os pecados do Vaticano – Soberba, avareza, luxúria, pedofilia: os escândalos e os segredos da Igreja Católica*. Rio de Janeiro: Gryphus, 2012, p. 185. Para o caso envolvendo o Cardeal Edward Egan: https://archive.boston.com/globe/spotlight/abuse/stories/032402_egan.htm • https://www1.folha.uol.com.br/folha/mundo/ult94u40325.shtml Para Bernard Law: https://archive.boston.com/globe/spotlight/abuse/documents/ • https://archive.boston.com/globe/spotlight/abuse/law_resigns/ Para o caso envolvendo Francis George: https://www.npr.org/2007/11/13/16235278/new-leader-of-u-s-bishops-faulted-in-abuse-case Os sites foram acessados em 02/07/2022. Os números de padres implicados em abusos sexuais constam em: MARTEL, F. *No armário do Vaticano: poder, hipocrisia e homossexualidade*. Rio de Janeiro: Objetiva, 2019, p. 460. Cf. tb.: JENKINS, P. *Pedophiles and Priests: Anatomy of a Contemporary Crisis*. Oxford: Oxford University Press, 1996. • FORMICOLA, J.R. Catholic Clerical Sexual Abuse: Effects on Vatican Sovereignty and Papal Power. *Journal of Church and State*, v. 53, n. 4, 2011, p. 523-544. • GORRELL, P. The Roman Catholic Pedophilia Crisis and the Call to Erotic Conversion. *Theology & Sexuality*, v. 12, n. 3, 2006, p. 251-262.

tativas de sentido já existentes nas audiências atuais. Sua imagem de corruptor é completada não mais por um intérprete de uma comunidade de interesses – posto ocupado pelos cardeais Beno e Damião –, mas pela própria comunidade. O papel interativo do ciberespaço ampliou as possibilidades de reapropriação e recombinação da memória a seu respeito como meio para formular julgamentos políticos.

# Um arremate

## A corrupção: história sobre disfarces

*Se consigo naturalizar minha visão de mundo, eu venci.*
Pierre Bourdieu, 1982.

**1**

Acontece em todas as grandes igrejas romanas. A Basílica de São Paulo Fora dos Muros não é exceção. Quem a visita tem o olhar irresistivelmente atraído para o alto. Mas nesse caso, o efeito resulta de algo além de um deslumbramento pela monumentalidade ou por um senso de elevação espiritual. Junto ao teto da basílica, como um imenso trifório a margear o átrio, está a representação visual de todos os papas, de Pedro a Francisco. As mais de duzentas e sessenta figuras estão dispostas em fileira robusta, com os rostos pontifícios formando uma interminável sequência de estações da via-sacra percorrida pela Igreja de Roma durante vinte séculos. Quem foi fisgado pela experiência – foi o meu caso – dificilmente resiste a levar para casa uma versão impressa do catálogo arquitetônico, à venda na loja de *souvenirs* que parece capturar os turistas na saída do santuário. Trata-se de um longo portfólio, em cartaz único, pronto para ser emoldurado e funcionar como um infalível *aide-mémoire*.

O cartaz traz ainda um diferencial. Cada rosto é acompanhado por uma sinopse, uma descrição sumária sobre os principais feitos do representado; condensando, assim, o significado oficial atribuído pelo Vaticano à sua passagem sobre o trono de São Pedro. A figura de Bento IX surge três vezes, um caso inigualável. Na segunda, a legenda esclarece: "sua renúncia lhe foi imposta [...] por corrupção. [...] Estamos nas profundezas da Idade Média". A definição oficial é um rótulo fácil, etiqueta efêmera, mas funciona como uma bússola útil ao pensamento. Em ao menos dois aspectos ela aponta a direção que deve ser seguida para compreender o que se passou nos anos de 1044 a 1048. Primeiro, a legenda adverte: o passado está arraigado sob camadas e camadas de reputações sombrias. Cada nova geração clerical que sobreviveu a Bento IX assentou uma caracterização estratégica e interessada, fazendo dele um eclesiástico violento e imoral, infantil e bestial. Eu sei que estou contorcendo a legenda vaticana. Muito provavelmente, ela foi escrita para transmitir outra mensagem: a de que o século XI foi um tempo sem lei ou ética, um rincão de tirania e arbitrariedade, e que a figura de Bento está enroscada na sombra da "Idade Média, Idade das Trevas". Contudo, a sinopse se presta a comunicar outra ideia. Podemos nos apropriar dela para recordar que o passado jaz, aqui, profundo; soterrado sob a massa ideológica de muitos extratos temporais. Que, feito artefato geológico entranhado na terra, está exposto a uma pressão avassaladora, que esmaga e transforma seu estado originário. Tal como foi vivido pelos contemporâneos, o passado cede e se decompõe sob peso de narrativas e de representações que lhe são posteriores. Segundo, aludindo especificamente à renúncia ao mencionar a "corrupção", a legenda enfatiza o evento, de fato, crítico. Por tudo que vimos neste livro, fica claro que a corrupção envolvendo Bento IX consistiu no envolvimento de dinheiro em sua abdicação e seu segundo retorno ao papado. Diferentemente de todo restante – das acusações de homicídio às de escândalo sexual –, esse foi o comportamento que expôs a instituição eclesiástica ao risco de enfraquecimento e abalou sua legitimidade perante numerosos setores das elites cristãs.

Precisamente por isso, algumas distinções são imprescindíveis. É preciso dizer que a corrupção de Bento não foi um ato orientado para o ganho privado. Tratou-se, antes, do cumprimento de uma cláusula estipulada para a repactuação do poder entre os mandatários romanos. A corrupção, aqui, não é sinônimo de interesse próprio. Por tudo o que vimos, especialmente no capítulo 2, é muito provável que tenha sido o contrário: que tenha contrariado o interesse pessoal. A julgar pela reação à revolta romana de setembro de 1044 e pelo empenho para receber a mitra papal pela terceira vez, em 1047, Bento IX mobilizou o que pode, foi ao limite para manter o papado antes e depois da renúncia. Sua trajetória foi a de um sujeito identificado com o poder – não a de alguém que encontrara novo propósito ou mesmo um bem maior longe da vida pública. Tampouco a incidência de dinheiro na renúncia foi segredo. Como o símbolo do pacto firmado entre Crescenzi, Tusculanos e Pierleoni, foi uma demonstração pública de deferência e subordinação. Não foi negociata oculta, transferência clandestina, mas gesto concebido para o olhar alheio: estipulado para ser um atestado da superioridade do recebedor e da obediência do doador. Não foi suborno, favorecimento individual ou simples compra do papado. Foi corrupção, desde que se entenda, por esse nome, alusão ao fato de que ele e Gregório VI se valeram das posições eclesiásticas para realizar um fim restrito, inalcançável para outros agentes, sobretudo para aqueles que não eram romanos: fortalecer as grandes famílias locais.

Talvez essa argumentação frustre certa expectativa. Afinal, não é improvável que um apelo pelo insólito e escandaloso, comum quando se trata da história do papado, tenha sido esvaziado com esta conclusão. Mas aqui está: a corrupção envolvendo o eclesiástico que foi três vezes papa foi menos espetacular do que a Modernidade costuma supor.

## 2

Bento IX erodiu a fronteira entre o lícito e o ilícito. O fez, principalmente, quando envolveu dinheiro na renúncia à autoridade apostólica, em maio de 1045. É provável que ele tenha cruzado o limite da legalidade de outras maneiras, em diferentes ocasiões. Essas, entretanto, estão além da constatação. Talvez, estejam perdidas para sempre. Ao consentir que a transmissão do poder papal fosse convertida em campo de reafirmação do prestígio familiar, abalado pela revolta romana que havia estourado nos idos de setembro, incorreu em crime de simonia, conduta que ele mesmo já havia condenado. A violação selou o fim de doze anos de papado. A notícia a esse respeito, no entanto, pôs os contemporâneos em movimento. A ilicitude foi assimilada como argumento incisivo para travar uma disputa maior: degradar as posições de poder de algum modo atreladas à autoridade do tusculano. Abades aliados aos normandos, bispos dedicados à causa imperial, cardeais que haviam desertado do papa reinante e narradores outros mobilizaram a certeza a respeito do crime como meio para subtrair poder aos competidores dos grupos que integravam. Recorreram ao caso como propaganda versátil, com a qual era possível atingir os adversários, fossem eles os próprios magnatas romanos, os príncipes de Cápua, o pontífice em conflito com a corte imperial ou o marquês da Toscana. Em cada um desses casos, o empenho narrativo por despojar um concorrente político foi apresentado como uma defesa do bem comum contra a ilegalidade, como um combate à corrupção.

"Corrupção" é o nome com o qual nós, pessoas do século XXI, nos referimos a certas relações sociais, que não são exclusivas da Modernidade, que os medievais também vivenciaram: o estabelecimento de (1) uma representação, socialmente generalizável, da natureza negativa atribuída ao (2) agenciamento individualizado de normas, prerrogativas ou recursos (3) considerados comuns. Encontramos cada feixe de relações vasculhando a história sobre como Bento IX foi três vezes papa. Movido pela prioridade familiar, o papa fez da transferência da autoridade apostólica moeda de troca em uma pactuação senhorial concebida para pacificar a cidade de Roma e perpetuar os interesses aristocráticos – eis o segmento numerado como "2". Passível de ser apresentada como uma "venda do papado", a ação abriu espaço para que cada grupo político e cada audiência o representassem como um caso típico do que consideravam o pior possível: à imagem de eclesiástico venal foram somadas a de perjuro assassino, a de luxurioso, a de bestial. Em cada uma, era a condição de simoníaco que crescia, misturando as projeções convenientes aos jogos de interesses, sobrepondo os signos que fossem capazes de reforçar identidades coletivas. A esta altura, sua representação havia sido assimilada por diversos extratos da aristocracia cristã, tanto por laicos quanto por eclesiásticos, por itálicos e por teutônicos, entre os contemporâneos ou os que sequer eram nascidos à época da renúncia. Eis o segmento "1". Sendo que, em cada desdobramento moralizante, ampliava-se a malha de registros: os signos circulavam. As menções a Bento proliferavam, imbricavam-se, reforçavam-se mutuamente enlaçando uma teia de acusações tornadas comuns por força da repetição, da similitude de ênfase, do reflexo de uma recordação sobre a outra. E assim, as marcas particulares dos discursos eram diluídas. A proximidade e a semelhança faziam com que assumisse uma conotação genérica que mascarava os pontos de vista, ocultava a parcialidade das acusações e criava um sentido de universalidade, como se a conduta de Bento lesasse não grupos específicos, mas a totalidade dos crentes, o bem comum cristão. Aqui está o segmento "3".

O estudo do que ocorreu naqueles poucos anos compreendidos entre 1044 e 1048 proporciona, desse modo, uma constatação abrangente, de largo alcance: na Idade Média, a percepção da corrupção era sistematicamente mobilizada e manipulada pelas elites. E, justamente por isso, logo se vê que não se tratava, exclusivamente, de um fato jurídico. Mil anos atrás, corrupção não era apenas questão de leis ou de códigos morais, mas sobre formular e difundir um argumento de poder, classificando práticas e agentes segundo sua utilidade para certos grupos na mesma medida em que essa classificação era naturalizada, revestida da autoridade de um discurso transparente e direto sobre o devir humano – mera constatação. Resultado de operações políticas, a imagem de grande corruptor ganhava o registro histórico despolitizada, com pouco mais do que algumas marcas dos interesses e objetivos dos quais estava investida.

**3**

Mesmo quando a palavra *corruptione* não era formulada, a corrupção estava em jogo, era objeto de lutas incessantes. No caso de Bento IX, a violação cometida ganhou a gravidade de corrupção no inverno de 1046/1047. Com o exército imperial em marcha e a crescente possibilidade de que um eclesiástico germânico fosse entronizado, era preciso assegurar uma nova tomada de posição a respeito das possibilidades romanas de manter o governo da Santa Sé. A corte imperial levava consigo nova correlação de forças até Roma, no âmbito da qual a renúncia de Bento não bastava. Resultando do consenso entre os magnatas locais, sua abdicação em maio de 1045 era prova cabal de que o poder papal respondia à orquestração das vozes locais – lógica que Henrique III precisava romper. Foi necessário depô-lo. Declarando-o destituído, removia-se o consenso romano da posição de instância em que o destino do papado era tracejado. Tratava-se de uma tomada de posição – uma classificação parcial e orientada – que a realeza traduziu em versão dominante dos fatos através do respaldo obtido nos sínodos de Sutri e Roma. Entretanto, para perdurar e vigorar, a imagem de Bento IX como corrupto dependia da capacidade da corte de impedir que outra tomada de posição fosse inscrita como realidade social no interior do Lácio. Tal risco aflorou após a morte de Clemente II, em outubro de 1047. Seu falecimento abriu espaço para que as grandes linhagens retornassem à cena. Valendo-se de riqueza e *status* – de regalias –, os Tusculanos asseguraram uma nova eleição ao papa que havia abdicado. Bento foi trazido de volta porque os magnatas exploraram o hiato então existente entre as percepções locais, no bojo das quais a infração de Bento era encarada de outra maneira, e a classificação, acentuadamente mais severa, inscrita pela corte como realidade social a ser observada por todos os cristãos.

A fama de Bento acompanhou esse movimento pendular da vida política. Quando a capacidade para impor a própria visão como crença comum passou da elite romana para a corte imperial, entre outubro de 1046 e janeiro de 1047, sua infração ganhou tonelagem. Quando esta mesma capacidade retornou para as mãos dos Tusculanos e seus aliados, entre os meses de outubro e novembro de 1047, a infração voltou a exibir a classificação que havia assumido pouco mais de dois anos antes, quando selou a pactuação pela dominação local. De pontífice que renunciou para pacificar a cidade, passou a ser simoníaco à espera da degradação e, em seguida, voltou a ser a figura capaz de restaurar a estabilidade. Não se trata de indefinição jurídica ou volatilidade moral. As mudanças não eram reviravoltas, guinadas bruscas, como se uma imagem em cores fortes fosse subitamente apagada. Eram o efeito de visões concorrentes, uma alternância entre classificações que contavam, cada uma, com um quinhão de forças sociais.

Bento IX foi atirado às trevas e depois resgatado como redentor do trono pontifício porque a corrupção papal era um acontecimento aberto, discutível, continuamente em vias de ser definido. A imagem de corrupto contava como uma base objetiva, mas a atualidade dessa imagem, sua presença ou ausência nas recordações, era efeito de interesses diversos, de objetivos múltiplos e discrepantes. Cada narrador que se debruçou sobre os eventos de 1044 a 1049 manipulou esse hiato entre a realidade da corrupção de Bento e a atualidade da corrupção de Bento. Monges, abades, bispos, cardeais, poetas: nenhum deles tinha toda a realidade ao seu alcance. A narrativa de cada um encontrava-se em risco, era ameaçada por uma outra maneira de dizer o que se passou. Na raiz dessa multiplicidade estava o fato de que, narrando a corrupção pontifícia, apresentavam-se não só fatos, mas certas exigências de um grupo singular: os atributos que justificavam privilégio e prerrogativa, as relações a ser consideradas aceitáveis e as que deveriam ser repudiadas, que recursos poderiam ter lugar nas disputas pelo poder. Todas as exigências convergindo para um objetivo comum: levar as elites romanas ao descrédito a partir das notícias conhecidas.

Para nós, leitores e leitoras da Modernidade, essa incessante disputa a respeito da maneira de classificar o passado impõe uma dimensão de disfarce à história de Bento IX. Oferece-a ao olhar inteiramente vestida com aparência estipulada por grupos de interesse. Com efeito, quando se trata do homem que foi três vezes papa, a história da corrupção é, inapelavelmente, uma história das maneiras de vexar o olhar, atormentá-lo até que esteja suficientemente adestrado.

# Referências

## Documentos medievais impressos

ADALBERTO. *Vita Heinrici II Imperatoris.* MGH SS, v. 4.

ADÃO DE BREMEN. *Gesta Hammenburgensis Ecclesiae Pontificum.* MGH SS, v. 7.

ALLODI, L.; LEVI, G. (ed.). *Il Regesto Sublacense dell'Undecimo Secolo.* Roma: Società Romana di Storia Patria, 1885.

ANDREA DE STRUMI. *Vita Sancti Arialdi.* MGH SS, v. 30/2.

ANNALE SILESIACI COMPILATI. MPH, v. 3.

ANNALES ADMUNTENSES. MGH SS, v. 9.

ANNALES ALTAHENSES. MGH SS Rer. Germ., v. 4.

ANNALES AUGUSTANI. MGH SS, v. 3.

ANNALES CORBEIENSES. MGH SS, v. 3.

ANNALES CRACOVIENSES BREVES. MPH NS, v. 5.

ANNALES FARFENSES. MGH SS, v. 11.

ANNALES HILDESHEIMENSES. MGH SS Rer. Germ., v. 8.

ANNALES LAUBIENSES. MGH SS, v. 4.

ANNALES POLONIAE MINORIS. MPH, v. 3.

ANNALES ROMANI. MGH, v. 5.

ANNALES SENGALLENSES MAIORES. MGH SS Rer. Germ., v. 61.

ANONYMUS HASERENSIS. MGH SS, v. 7.

ANSELMO. *Gesta Episcoporum Leodiensium*. MGH SS, v. 7.

ANSELMO DE BESATE. *Rhetorimachia*. MGH QQ zur Geistesgesch, 2.

ARNULFO. *Gesta Archiepiscoporum Mediolanensium*. MGH SS, v. 8.

BALZANI, U. (ed.). *Il Chronicon Farfense di Gregorio di Catino*. Roma: Tipografia del Senato, 1903.

BENZO DE ALBA. *Ad Heinricum IV Imperatorem Libri VII*. MGH SS, v. 11.

BERTOLDO. *Annales*. MGH SS, v. 5.

BLUM, O. (ed.). *The Fathers of the Church: Medieval Continuation – The Letters of Peter Damian*. Washington D.C.: The Catholic University of America Press, 1989.

BONIZO DE SUTRI. *Liber Ad Amicum*. MGH Ldl, v. 1.

BONNICI, T. (ed.). *Godofredo Malaterra – Os feitos do Conde Rogério da Calábria e da Sicília e de seu irmão Duque Roberto Guiscardo*. Maringá: Diálogos, 2020.

BONNICI, T. (ed.). *Amatus de Montecassino – A história dos normandos (c. 1086 EC)*. Maringá: Diálogos, 2021.

BONNICI, T. (ed.). *Guilherme de Apúlia – Gesta Roberti Wiscardi: os feitos de Roberto Guiscardo (c. 1095-1099 EC)*. Maringá: Diálogos, 2022.

BULST, N.; FRANCE, J.; REYNOLDS, P. (eds.). *Rodulfus Glabert – The Five Books of the Histories*. Oxford: Clarendon, 2002.

CARDEAL BENO. *Contra Gregorium VII et Urbanum II*. MGH Ldl, v. 2.

CHRONICA MONASTERII CASINENSIS. MGH SS, v. 34.

CHRONICON SANCTI BENIGNI DIVIONENSIS. MGH SS, v. 7.

CONRADO II. *Diplomas*. MGH DD K II.

COSME DE PRAGA. *Chronica Boemorum*. MGH SS, v. 9.

DE ORDINANDO PONTIFICE. MGH Ldl 1.

DESIDÉRIO DE MONTE CASSINO. *Dialogi de Miraculis Sancti Benedicti*. MGH SS, v. 30/2.

DONIZO. *Vita Mathildis*. MGH SS, v. 12.

DUCHESNE, L. (ed.). *Liber Pontificalis*, v. 2.

EX ANSELMI GESTORUM EPISCOPORUM LEODIEN-SIUM RECENSIONE ALTERA. MGH SS, v. 14.

*Flores Temporum*. MGH SS, v. 24.

FRUTOL DE MICHELSBERG. *Chronicon*. MGH SS, v. 6.

GODOFREDO MALATERRA. De Rebus Gestis Rogerii Calabriae et Siciliae Comitis et Roberti Guiscardi Ducis fratris eius. In: PONTIERI, E. (ed.). *Rerum Italicarum Scriptores*. Vol. 1. Bolonha: Nicola Zanichelli, 1927-1928.

GREGÓRIO VII. *Epistolas*. MGH Epp. sel.

GUIDO DE FERRARA. *De Scismate Hildebrandi*. MGH Ldl 1.

GUILHERME DE APÚLIA. *Gesta Roberti Wiscardi*. MGH SS, v. 11.

HENRIQUE III. *Diplomas*. MGH DD H III.

HENRIQUE IV. *Diplomas*. MGH DD H IV.

HERMANN DE REICHENAU. *Chronicon*. MGH SS, v. 5.

HINCHIUS, P. (ed.). *Decretales Pseudo-Isidorianane et Capitula Angilramni*. Leipzig: Bernhardi Tauchnitz, 1863.

HUGO DE FLAVIGNY. *Chronicon*. MGH SS, v. 8.

HUMBERTO DA SILVA CÂNDIDA. *Adversus Simoniacos.* MGH Ldl, v. 1.

JAFFÉ, P. et al. (ed.). *Regesta Pontificum Romanorum.* Leipzig: Veit et Comp., 1885-1888.

JOÃO DE VIKTRING. *Liber Certarum Historiarum.* MGH Rer. Germ., v. 36/1.

KEHR, P.F. (ed.). *Regesta Pontificum Romanorum: Italia Pontificia.* Berlim: Weidmann, 1906-1908.

LAMBERTO DE HERSFELD. *Annales.* MGH SS, v. 5.

LAMI, G. (ed.). *Sanctae Ecclesiae Florentinae Monumenta.* Florença: Angelo Salutate, 1758.

LANDOLFO. *Historia Mediolanensis.* MGH SS, v. 8.

LEÃO MAGNO. Epistolas. *PL*, v. 54.

LIUDPRANDO DE CREMONA. *Antapodosis.* MGH SS Rer. Germ., 41.

LUPUS PROTOSPATARIUS. MGH SS, v. 5.

MANARESI, C. (ed.). *I Placiti del Regnum Italiae.* Roma: Instituto Storico Italiano per il Medio Evo, 1957.

MANSI, J.D. (ed.). *Sacrorum Conciliorum Nova et Amplissima Collectio.* Veneza: Antonio Zatta, 1758-1798.

MARTINHO DE OPAVA. *Chronicon Pontificum et Imperatorum.* MGH SS, v. 22.

MARIANO ESCOTO. *Chronicon.* MGH SS, v. 5.

MATEUS PARIS. Flores Historiarum. In: LUARD, H.R. (ed.). *Flores Historiarum.* Vol. 1. Londres: Eyre & Spottiswoode, 1890.

McCARTHY, T.J.H. *Chronicle of the Investiture Contest: Frutolf of Michelsberg and his continuators.* Manchester: Manchester University Press, 2014.

MORGHEN, R. (ed.). *Rerum Italicarum Scriptores.* Vol. 6. Bolonha: Zanichelli, 1927.

OTO I. *Diplomas.* MGH DD K I; DD H I; DD O I.

PEDRO DAMIÃO. *Epístolas.* MGH Briefe d. dt. Kaiserzeit.

PONCELET, A. Vie et Miracles du Pape S. Léon IX. *Analecta Bollandiana,* v. 25, 1906.

PORRO-LAMBERTENGHI, G. (ed.). *Historiae Patriae Monumenta.* Tomo 13. Turim: Regio Typographeo, 1873.

ROBINSON, I.S. *The Papal Reform of the Eleventh-Century: lives of Pope Leo IX and Pope Gregory VII.* Manchester: Manchester University Press, 2004.

ROBISON, E.G. *Humberti Cardinalis Libri Tres Adversus Simoniacos: a critical edition with na introdutory essay and notes.* Tese de doutorado. Departamento de História da Princeton University, 1971.

TIETMAR DE MERSERBURG. *Chronicon.* MGH SS Rer. Germ. NS, v. 9.

UGHELLI, F. *Italia Sacra sive de episcopis Italiae.* 9 vol. Veneza: Sebastiano Coletti, 1720.

ULRICO DE IMOLA. *Epistola de Continentia Clericorum.* MGH Ldl, v. 1.

VITA LEONIS PAPAE. *PL*, v. 143.

VITTANI, G.; MANARESI, C. (eds.). *Gli Atti Privati Milanesi e Comaschi del sec. XI.* Vol. 1. Milão: Ulrico Hoepli, 1933, p. 1.001-1.025.

WIPO. *Gesta Chuonradi II imperatoris.* MGH SS Rer. Germ., v. 61.

## *Estudos*

ALTHOFF, G. *Rules and Rituals in Medieval Power Games*. Leiden: Brill, 2019.

AMBROSINI, A. Milano trai l primo e il secondo millenio. In: BRIVIO, E. (ed.). *Il Crocifisso di Ariberto: un misterio milenario intorno al simbolo della cristianità*. Milão: Silvana, 1997, p. 37-46.

AZEVEDO, F. Corrupção, mídia e escândalos midiáticos no Brasil. *Em Debate*, v. 2, n. 3, 2010, p 14-19.

BAIX, F; JADIN, L.B. IX. Apud BAUDRILLART, A.; MEYER, A.; CAUWENBERGH, É. (dirs.). *Dictionnaire d'Histoire et de Géographie Ecclésiastiques*. Vol. 8. Paris: Letouzey et Ané, 1935.

BARSTOW, A.L. *Married Priests and the Reforming Papacy: the eleventh century debates*. Nova York/Toronto: The Edwin Mellen, 1982.

BELLITTO, C.M. *Renewing Christianity: A History of Church Reform from Day One to Vatican II*. Nova York/Mahwah: Paulist Press, 2001.

BENNETT, R. *Bad Shepherds: the dark Years in which the faithful thrived while bishops did the Devil's work*. Manchester: Sophia Institute, 2018.

BENSON, R. *The Bishop-Elect: a study in Medieval Ecclesiastical Office*. Princeton: Princeton University Press, 1968.

BERTOLINI, M.G. *Studi Canossiani*. Bolonha: Pàtron, 2004.

BIANCHI, E. et al. (eds.). *Ariberto da* Intimiano: *fede, potere e cultura a Milano nel secolo XI*. Milão: Silvana, 2007.

BLÁHOVÁ, M. The Functions of the Saints in Early Bohemian Historical Writing. In: MORTENSEN, L.B. (ed.). *The*

*Making of Christian Myths in the Periphery of Latin Christendom (c. 1000-1300).* Copenhagen: Museum Tusculanum, 2006, p. 83-120.

BLUMENTHAL, U.-R. The Prohibition of Clerical Marriage in the Eleventh Century. In: DEUSEN, N. (ed.). *Chastity: a study in perception ideals, opposition.* Leiden: Brill, 2008, p. 61-75.

BOIS, G. *La Revolución del Año Mil.* Barcelona: Crítica, 2000.

BONNICI, T. (ed.). *Amatus de Montecassino – A história dos normandos (c. 1086 EC).* Londrina: Diálogos, 2021.

BORINO, G.B. L'Elezione e la Deposizione di Gregorio VI. *Archivio della R. Società Romana di Storia Patria,* 1916, v. 39, n. 1, p. 153; n. 3, p. 367.

BORINO, G.B. Invitus ultra montes cum domno papa Gregorio abii. *Studi Gregoriani: per la sotiria di Gregorio VII e della Riforma Gregoriana,* v. 1, 1947.

BOSSI, G. I Crecenzi di Sabina: Stefaniani e Ottaviani (dal 1012 al 1106). *Archivio della R. Società Romana di Storia Patria,* v. 41, n. 1, 1918.

BOURDIEU, P. *Economia das trocas linguísticas.* São Paulo: Edusp, 1998.

BOURDIEU, P. *Sociologia geral – Vol. 1: Lutas de classificação.* Petrópolis: Vozes, 2020.

BOVO, C. O combate à simonia na correspondência de Pedro Damiano: uma retórica reformadora do século XI? *Anos 90,* v. 20, n. 38, 2013, p. 75-101.

BOVO, C. Monastic network in Eleventh-Century Italy. *Rivista di Storia della Chiesa in Italia,* v. 71, n. 2, 2017, p. 411-426.

BRANDMÜLLER, W.C. Renuntiatio Papae: some historical-canonical reflexions. *The Jurist: Studies in Church Law and Ministry*, v. 76, n. 2, 2016, p. 311-325.

BREZZI, P. *Roma e l'Impero Medioevale (774-1252)*. Bolonha: Cappelli, 1947.

BUZZI, G. Ricerche per la storia di Ravenna e di Roma dall'850 al 1118. *Archivio della Società Romana di Soria Patria*, v. 38, n. 1, 1915.

CAPITANI, O. Ancora della lettera di Odilone ad Enrico Imperatore. In: VV.AA. *Miscellanea Gilles Gerard Meersseman*. Vol. 1. Pádua: Antenore, 1970, p. 89-116.

CARAZZA, B. *Dinheiro, eleições e poder: as engrenagens do sistema político brasileiro*. São Paulo: Cia das Letras, 2018.

CHAMBERLIN, E.R. *The Bad Popes*. Nova York: Barnes & Nobles, 1993.

CHIESA, P. Per uma storia del testo delle opere di Liutprando di Cremona nel Medioevo. *Filologia Mediolatina*, v. 2, 1995, p. 165-191.

CHIESA, P. Un descriptus smascherato – Sulla posizione stemmatica della "Vulgata" di Liutprando. *Filologia Mediolatina*, v. 1, 1994, p. 81-110.

CHIESA, P. Così si costruisse un mostro – Giovanni XII nella cosiddetta *Historia Ottonis* di Liutprando di Cremona. *Faventia*, v. 21, n. 1, 1999, p. 85-102.

COLLINS, R. *Keepers of the Keys of Heaven: a history of the Papacy*. Nova York: Basic Books, 2009.

COPELAND, R. *Emotion and the History of Rhetoric in the Middle Ages*. Oxford: Oxford University Press, 2022.

COSS, P. *The Aristocracy in England and Tuscany, 1000-1250*. Oxford: Oxford University Press, 2020.

COWDREY, H.E.J. *The Age of Abbot Desiderius: Montecassino, the Papacy, and the Normans in the Eleventh and Early Twelfth Centuries.* Oxford: Clarendon, 1983.

CREBER, A. Mirrors for Margraves: Peter Damian's Models for Male and Female Rulers. *Historical Reflections/Réflexions Historiques*, v. 42, n. 1, 2016, p. 8-20.

CUSANNO, A.M. Il lignaggio dei Pierleoni nei secoli XI--XVIII. In: FUNARI, L. (ed.). *La Casina dei Pierleoni – Il restauro di un restauro.* Roma: Kappa, 1999, p. 105-116.

CUSHING, K. Of Locustae and Dangerous Men: Peter Damian, the Vallombrosans, and Eleventh-century Reform. *Church History*, v. 74, n. 4, 2004, p. 740-757.

CUSHING, K. *Reform and the Papacy in the Eleventh Century: spirituality and social change.* Manchester: Manchester University Press, 2005.

D'ACUNTO, N. *La Lotta per le Investiture: una rivoluzione medievale (998-1122).* Roma: Carocci, 2020.

DEMPSEY, J.A. From Holy War to Patient Endurance: Henry IV, Matilda of Tuscany, and the Evolution of Bonizo of Sutri's Response to Heretical Princes. In: CLASSEN, A.; MARGOLIS, N. (eds.). *War and Peace – Critical Issues in European Societies and Literature 800-1800.* Berlim/Boston: De Gruyter, 2011, p. 217-225.

DONVITO, F. The Norman challenge to the Pope: The Battle of Civitate, June 18, 1053. *Medieval Warfare*, v. 1, n. 4, 2011, p. 27-34.

DUBY, G. *La Société aux XI<sup>e</sup> et XII<sup>e</sup> siècles dans la Région Mâconnaise.* Paris: École des Hautes Études en Sciences Sociales, 1953.

DUBY, G. *O ano mil.* Lisboa: Ed. 70, 1992.

DUBY, G. *As três ordens ou o imaginário do feudalismo*. Lisboa: Estampa, 1994.

DUFFY, E. *Santos e pecadores: história dos papas*. São Paulo: Cosac & Naify, 1998.

ERDMANN, C. Das ottonische Reich als Imperium Romanorum. *Deutsches Archiv*, v. 6, 1943, p. 412-441.

FALCONIERI, T.C. *Il Clero di Roma nel Medioevo: istituzioni e politica citadina (secoli VIII-XIII)*. Roma: Viella, 2002.

FEDELE, P. Carte del monastero dei SS. Cosma e Damiano. *Archivio della R. Società Romana di Storia Patria*, v. 22, 1899.

FEDELE, P. Le famiglie di Anacleto II e di Gelasio II. *Archivio della Società Romana di Storia Patria*, v. 27, 1904, p. 419-440.

FERRI, G. Le carte dell'archivio liberiano dal secolo X al secolo XV. *Archivio della R. Società Romana di Storia Patria*, v. 27, n. 2, 1904.

FILGUEIRAS, F. A tolerância à corrupção no Brasil: uma antinomia entre normas morais e prática social. *Opinião Pública*, v. 15, n. 2, 2009, p. 386-421.

FIORE, A. *The Seigneurial Transformation: power structure and political communication in the countryside of Central and Northern Italy, 1080-1130*. Oxford: Oxford University Press, 2020.

FISCHER-WOLLPERT, R. *Os papas e o papado: de Pedro a Bento XVI*. Petrópolis: Vozes, 2010.

FLETCHER, L.Y. *The First Gay Pope and other records*. Boston: Alyson, 1992.

FLICHE, A. La réforme grégorienne. In: GRÉGOIRE VII. *Spicilegium Sacrum Lovaniense*, Lovaina, v. 2, 1926.

FORMICOLA, J.R. Catholic Clerical Sexual Abuse: Effects on Vatican Sovereignty and Papal Power. *Journal of Church and State*, v. 53, n. 4, 2011, p. 523-544.

FRASER, M. *In Truth: A History of Lies from Ancient Rome to Modern America*. Lanham: Prometheus Books, 2020.

FRECH, K.A. *J. F. Böhmer, Regesta Imperii III – Salisches Haus 1024-1125; 5. Abt. Papstregesten, 1024-1058; Lieferung: 1024-1046*. Colônia: Böhlau, 2006.

FREDRIKESEN, P. *Pecado: a história primitiva de uma ideia*. Petrópolis: Vozes, 2014.

FREITAS, F.C. "Revisitando" algumas teses do passado – A eleição de 2006 e a disputa antagônica entre PT e PSDB. *Revista Brasileira de Ciência Política*, v. 32, n. 2, 2020, p. 43-92.

FREYTMANS, D. Gregoire VI était-il-simoniaque? *Revue Belge de Philologie et d'Histoire*, v. 11, 1932.

FUHRMANN, H. *Germany in the High Middle Ages, c. 1050-1200*. Cambridge: Cambridge University Press, 1986.

FUMAGALLI, V. *Le origini di una grande dinastia feudale: Adalberto Atto di Canossa*. Tübingen: Max Niemeyer, 1971.

GATTO, L. *Bonizone di Sutri e il suo Liber ad Amicum: richerche sull'età gregoriana*. Pescara: Trimestre, 1968.

GATTO, L. Urbano II nella testimonianza di Bonizone, vescovo di Sutri e di Piacenza. *Clio*, v. 28, 1992, p. 5-22.

GERRARD, D.M.G. *The Church at War: The Military Activities of Bishops, Abbots and Other Clergy in England, c. 900-1200*. Londres/Nova York: Routledge, 2017.

Ghirardini, L.L. *Il Papa Fanciullo – Benedetto 9: 1032-1048; La verita storica su un fatto straordinario*. Parma: Maccari, 1980.

GIGLIOTTI, V. *La Tiara Deposta: la Rinuncia al Papato nella Storia del Diritto e della Chiesa*. Florença: Olschki, 2014.

GIORGI, I. Appunti su alcuni mss – Del Liber Pontificalis. *Archivio della R. Societè Romana di Storia Patria*, v. 20, n. 3-4, 1897, p. 310-311.

GIOVAGNOLI, R. *Benedetto IX – Storia di un pontífice romano 1040-1049*. Milão: Paolo Carrara, 1899.

GIUNTA, C. Per quel Deu. *Lingua e Stile*, v. 52, 2017, p. 167-170.

GOLINELLI, P. *La Pataria: lotte religiose e social nella Milano dell'XI secolo*. Milão: Európia/Jaca Book, 1984.

GORRELL, P. The Roman Catholic Pedophilia Crisis and the Call to Erotic Conversion. *Theology & Sexuality*, v. 12, n. 3, 2006, p. 251-262.

GRAEME, D. (ed.). *The Encyclopedia of the Medieval Chronicle*. Leiden: Brill, 2010.

GREGOROVIUS, F. *History of the City of Rome in the Middle Ages*. Vol. 4. Londres: George Bell & Sons, 1904.

GROSSI, P. *A ordem jurídica medieval*. São Paulo: Martins Fontes, 2014.

GUARNIERI, V. I Conti di Tuscolo (999-1179). *Caratteri dele Vicende Familiari, dell'Assetto Patrimoniale e del loro Adelspapstum*. Tese de doutorado. Roma: Università degli Studi di Roma La Sapienza, 1998.

GUBBINI, G. *Body and Spirit in the Middle Ages: Literature, Philosophy, Medicine*. Berlim: De Gruyter, 2020.

HOWE, J. *Before the Gregorian Reform: the Latin Church at the turn of the First Millennium*. Ithaca/Londres: Cornell University Press, 2016.

HUBERT, É. *L'Incastellamento em Italie Centrale: pouvoirs, territoire et peuplement dans la Vallée du Turano au Moyen Âge*. Roma: École Française de Rome, 2002.

JASPER, K. Peter Damian and the Communication of Local Reform. *The Catholic Historical Review*, v. 104, n. 2, 2018, p. 197-222.

JENKINS, P. *Pedophiles and Priests: Anatomy of a Contemporary Crisis*. Oxford: Oxford Uniersity Press, 1996.

KUBÍN, P. Le culte medieval de Saint Venceslas et de Saint Adalbert en Europe Centrale. *Prace Historyczne*, v. 145, n. 3, 2018, p. 397-427.

LABARGA, F. La renuncia de Benedicto XVI a la luz de la Historia. *Scripta Theologica*, v. 45, 2013, p. 477-488.

LABOA GALLEGO, J.M. *Historia de los papas: entre el reino de Dios y las pasiones terrenales*. Madri: La Esfera de los Libros, 2005.

LAZZARI, T. Aziende fortificate, castelli e pievi: le basi patrimoniali dei poteri dei Canossa. In: CALZONA, A. (org.). *Matilde e il Tesoro dei Canossa, tra castelli e città*. Milão: Silvana, 2008, p. 96-115.

LAZZARI, F. I Teofilatti nel necrológio del sec. XI del monasterio dei SS. Ciriaco e Nicola in via Lata. *Annali del Lazio Meridionale*, v. 24, n. 2, 2014, p. 7-20.

LÉVY, P. *Cibercultura*. São Paulo: Ed. 34, 1999.

LIUDPRANDO DE CREMONA. *Historia Ottonis*. MGH SS Rer. Germ., v. 41.

MACEDO, S.V.; VALADARES, J.L. A produção acadêmica brasileira sobre corrupção: uma revisão sistemática. *Revista Eletrônica de Administração*, v. 27, n. 2, 2021, p. 400-429.

MAIRAL, H. *As raízes legais da corrupção*: ou como o Direito Público fomenta a corrupção em vez de combatê-la. São Paulo: Contracorrente, 2018.

MANN, H.K. *The Lives of the Popes in the Early Middle Ages: the popes in the days of feudal anarchy.* Londres: Kegan Paul/Trench/Trubner, 1915.

MARANI, S.C.Z. et al. Os sentidos da pesquisa sobre corrupção. *Revista de Administração Pública*, v. 52, n. 4, 2018, p. 712-730.

MARTEL, F. *No armário do Vaticano: poder, hipocrisia e homossexualidade*. Rio de Janeiro: Objetiva, 2019.

MARTINE, T.; WINANDY, J. (eds.). *La Réforme Grégorienne, une Révolution Totale?* Paris: Garnier, 2021.

MATTHIS, A. Il Pontifice Benedetoo IX. *La Civiltà Cattólica*, v. 4, n. 66, 1915, p. 561.

MAUNTEL, C. Beyond Rome – The Polyvalent Usage and Levels of Meaning of "Imperator" and "Imperium" in Medieval Europe. In: BRACKE, W.; NELIS, J.; MAEYER, J. (ed.). *Renovatio, Inventio, Absentia Imperii – From the Roman Empire to contemporary imperialism*. Turnhout: Brepols, 2018, p. 69-92.

MAZEL, F. Pour une redéfinition de la reforme "grégorienne". In: FOURNIER, M. (dir.). La réforme "grégorienne" dans le Midi (milieu XIᵉ-début XIIIᵉ siècle). Toulouse: Privat, 2013, p. 9-38.

MAZEL, F. La réforme grégorienne – Un tournant fondateur (milieu XIᵉ-début XIIIᵉ siècle). In: MAZEL, F. (dir.). *Nouvelle Histoire du Moyen* Âge. Paris: Seuil, 2021, p. 291-306.

McLAUGHLIN, M. The Bishop in the Bedroom: Witnessing Episcopal Sexuality in an Age of Reform. *Journal of the History of Sexuality*, v. 19, n. 1, 2010, p. 17-34.

McLAUGHLIN, M. "Disgusting acts of shamelessness": sexual misconduct and the deconstruction of royal authority in the eleventh century. *Early Medieval Europe*, v. 19, n. 3, 2011, p. 312-331.

McQUILLAN, S. *The Political Development of Rome: 1012-1085*. Washington: The Catholic University of America Press, 2002.

MEIJNS, B. Opposition to Clerical Continence and the Gregorian Celibacy Legislation in the Diocese of Thérouanne: The Tractatus Pro Clericorum Conubio (c. 1077-1078). *Sacris Erudiri*, v. 47, 2008, p. 223-290.

MELO, C.T.V.; VAZ, P.R.G. E a corrupção coube em 20 centavos. *Galáxia*, v. 39, 2018, p. 23-38.

MESSINA, S. *Benedetto IX, pontefice romano, 1032-1048: studio critico*. Catânia: La Stampa, 1922.

MICCOLI, G. *Chiesa gregoriana: ricerche sulla Riforma del secolo XI*. Roma: Herder, 1999.

MORÁS, A. *Os entes sobrenaturais na Idade Média: imaginário, representações e ordenamento social*. São Paulo: Annablume, 2001.

MORRIS, C. *The Papal Monarchy: the Western Church from 1050 to 1250*. Oxford: Clarendon, 2001.

NAGY, P. Collective Emotions, History Writing and Change: The Case of the Pataria (Milan, Eleventh Century). *Emotions: History, Culture, Society*, v. 2, n. 1, 2018, p. 132-152.

NEWHAUSER, R. (ed.). *The Seven Deadly Sins: from Communities to Individuals*. Leiden: Brill, 2007.

NEWHAUSER, R.; RIDYARD, S.J. (eds.). *Sin in Medieval and Early Modern Culture: the tradition of the Seven Deadly Sins*. Nova York: Medieval, 2012.

NOBLE, T.F.X. Narratives of Papal history. In: SISSON, K.; LARSON, A.A. (eds.). *A Companion to the Medieval Papacy: growth of an ideology and institution*. Leiden: Brill, 2016.

NORTH, W. Reforming Readers, Reforming Texts: The Making of Discursive Community in Gregorian Rome. In: KALAS, G.; DIJK, A. (eds.). *Urban Developments in Late Antique and Medieval Rome*: *Revising the Narrative of Renewal*. Amsterdã: Amsterdam University Press, 2021, p. 299-330.

NORWICH, J.J. *Absolute Monarchs: a history of the Papacy*. Nova York: Random House, 2011.

OLIVEIRA, R.P. O significado do conceito "corrupção" na semântica política da crise brasileira (2013-2016). *Anos 90*, v. 25, n. 48, 2018, p. 379-408.

ORIOLI, G. La rinuncia di Benedetto IX al secondo pontificato e l'anno di morte di S. Bartolomeo di Grotaferrata. *Bolletino della Badia Greca di Grotaferrata*, v. 9, n. 3, 2012, p. 169-178.

ORTH, P. Papstgeschichte im 11. Jahrhundert: Fortsetzung, Bearbeitung und Gebrauch des Liber Pontificalis. In: HERREN, M.W.; McDONOUGH, C.; ROSS, A.G. (coords.). *Latin Culture in the Eleventh Century – Proceedings of the Third International Conference on Medieval Latin Studies, II*. Turnhout: Brepols, 2002, p. 258-280.

PACAUT, M. *Histoire de la papauté: de l'origine au Concilie de Trente*. Paris: Fayard, 1976.

PARISH, H.L. *Clerical Celibacy in the West, C. 1100-1700*. Furnham: Ashgate, 2010, p. 87-122.

PARISSE, M. Sigefroid, abbé de Gorze, et le mariage du roi Henri III avec Agnès de Poitou (1043) – Un aspect de la réforme lotharingienne. *Revue du Nord*, n. 3/4, 2004, p. 543-566.

POLY, J.-P.; BOURNAZEL, E. *The Feudal Transformation, 900-1200*. Nova York: Holmes & Meier, 1991.

PRINZ, J. *Popes from the Ghetto: a view of medieval Christendom*. Nova York: Schocken, 1968.

PUGLIA, A. Marca, marchio, comitatus, comes: spazio e potere in Tuscia nei secoli IX-XI. In: PETRALIA, G.; RONZANI, M. (eds.). *Dalla marca di Tuscia alla Toscana comunale: Atti del seminario di studi* (Pisa, 10-12 giugno 2004). Florença: Reti Medievali, 2016.

RANFT, P. *Theology of Peter Damian*: "*let Your Life Always Serve as a Witness*". Washington: The Catholic University of America Press, 2012.

RENDINA, C. *Os pecados do Vaticano – Soberba, avareza, luxúria, pedofilia: os escândalos e os segredos da Igreja Católica*. Rio de Janeiro: Gryphus, 2012.

REUTER, T. *Medieval Polities & Modern Mentalities*. Cambridge: Cambridge University Press, 2006.

ROBINSON, I.S. *Authority and Resistance in the Investiture Contest: the polemical literature of the Eleventh Century*. Manchester: Manchester University Press, 1978

ROBINSON, I.S. *Henry IV of Germany, 1056-1106*. Cambridge: Cambridge University Press, 1999.

ROMEIRO, A. *Corrupção e poder no Brasil: uma história, séculos XVI a XVIII*. Belo Horizonte: Autêntica, 2017.

ROSSETTI, G. Origine sociale e formazione dei vescovi del Regnum Italiae. In: ZERBI, P. (org.). *Le Istituzioni Ecclesiastiche della "Societas Christiana" dei Secoli XI-XII: diocese, pievi e parrochie*. Milão: Vita e Pensiero, 1977, p. 57-84.

RUPNICH, D. L'Intervento di Poppone nella spedizione pugliese di Enrico II e la situazione italiana nei primi decenni dell'anno mille. In: SCAREL, S.B. (org.). *Poppone: l'età d'oro del patriarcato di Aquileia*. Roma: L'Erma do Bretschneider, 1997.

RUSCONI, R. *A grande renúncia – Por que um papa se demite?* São Paulo: Loyola, 2013.

RUST, L.D. *Colunas de São Pedro – A política papal na Idade Média central*. São Paulo: Annablume, 2011.

RUST, L.D. *Bispos guerreiros – Violência e fé antes das Cruzadas*. Petrópolis: Vozes, 2018.

RUST, L.D. A "corrupção" na escrita da História Medieval: os desafios de um efeito de sustentação discursiva. *História da Historiografia*, v. 15, n. 38, 2022, p. 201-230.

SACKUR, E. (ed.). Ein Schreiben Odilo's von Cluni an Heinrich III von October 1046. *Neues Archiv der Gesellschaft für ältere deutsche Geschichtskunde*, v. 24, 1899, p. 734-735.

SAGULO, S. *Ideologia imperiale e analisi politica in Benzone, vescovo d'Alba*. Bolonha: Clueb, 2003.

SALVATORE, E. I presunti "capitanei delle porte" di Milano e la vocazione cittadina di un ceto. In: CASTAGNETTI, A. (org.). *La Vassallità Maggiore del Regno Italico: i capitanei nei secoli XI-XII*. Roma, Viella, 2001, p. 35-90.

SANTAELLA, L. *Imagens líquidas na era da mobilidade*. São Paulo: Paulus, 2007.

SCHMALE, F.-J. Die "Absetzung" Gregors VI in Sutri und die synodale tradition. *Annuarium Historiae Conciliorum*, v. 11, n. 1, 1979, p. 55-103.

SCHMID, K. HEINRICH, M.; GREGOR VI. Gebetsgedächtnis von Piacenza des Jahres 1046 – Bericht über einen Quellenfund. In: FROMM, H.; HARMS, W.; RUBERG, U. (orgs.). *Verbum et Signum: Beiträge zur Mediävistischen Be-*

*deutungsforschung Studien zu Semantik und Sinntradition im Mittelalter*. Munique: Wilhelm Fink, 1975, p. 79-97.

SCHMIDINGER, H. Il patriarcato di Aquileia. In: MOR, C.G.; SCHMIDINGER, H. (org.). *I Poteri Temporali dei Vescovi in Italia e in Germania nel Medioevo*. Bolonha: Società Editrice di Milano, 1979.

SCHMIDINGER, H. Il patriarcato di Aquileia. In: MOR, C.G.; SCHMIDINGER, H. (org.). *I poteri temporali dei Vescovi in Italia e in Germania nel Medioevo*. Bolonha: Società Editrice di Milano, 1979, p. 141-175.

SCHMITT, J.-C. *Os vivos e os mortos na sociedade medieval*. São Paulo: Cia. das Letras, 1999.

SCHULMAN, J.K. (ed.). *The Rise of the Medieval World, 500-1300: a Biographical Dictionary*. Westport/Londres: Greenwood, 2002.

SEARLE, J.R. *The Construction of Social Reality*. Nova York: The Free Press, 1995.

SEARLE, J.R. *Mente, linguagem e sociedade: filosofia no mundo real*. Rio de Janeiro: Rocco, 2000.

SEARLE, J.R. *Making the Social World: the structure of human civilization*. Oxford: Oxford University Press, 2010.

SERGI, G. I potere dei Canossa. In: GOLINELLI, P. (ed.). *I poteri dei Canossa da Reggio Emilia all'Europa*. Bolonha: Pàtron, 1994, p. 29-41.

SERGI, G. *L'Aristocracia della preghiera: politica e scelte religiose nel medioevo italiano*. Roma: Donzelli, 1994.

ŠTEFAN, I. Slavery and Slave Trade in Early Medieval Bohemia: Archaeology of Slavery or Slavery of Archaeology? In: BIERMANN, F.; JANKOWIAK, M. (ed.). *The Archeology of Slavery in Early Medieval Northern Europe: the invisible commodity*. Cham: Springer, 2021, p. 127-140.

STOCKWELL, A. *A Corrupt Tree: An Encyclopaedia of crimes committed by the Church of Rome against humanity and the Human Spirit*. Bloomington: XLibris, 2014.

STROLL, M. *The Medieval Abbey of Farfa: Target of Papal and Imperial Ambitions*. Leiden: Brill, 1997.

STROLL, M. *Popes and Antipopes: the politics of Eleventh Century Church Reform*. Leiden: Brill, 2012, p. 30-31.

TABACCO, G. *Egemonie Social e Strutture del Potere nel Medioevo Italiano*. Turim: Einaudi, 1979.

TELLENBACH, G. *Church, State and Christian Society at the time of the Investiture Context*. Nova York: Harper Torchbooks, 1970.

TOUBERT, P. *Les structures du Latium Médiéval – Le Latium Méridional et la Sabine du IX<sup>e</sup> siècle à la fin du XII<sup>e</sup> siècle*. Vol. 2. Roma: École Française de Roma, 1993.

VENDITTELLI, M. Sutri nel medioevo (secoli X-XIV). In: VENDITTELLI, M. (org.). *Sutri nel medioevo: storia, insediamento urbano e território (secoli X-XIV)*. Roma: Vilela, 2008, p. 1-92.

VERBANAZ, N. A "Necessary Companion": the Salian Consort's expected role in governance. In: TANNER, H.J. (ed.). *Medieval Elite Women and the Exercise of Power, 1100-1400: moving beyond the Exceptionalist Debate*. Londres: Palgrave Macmillan, 2019, p. 177-197.

VIOLANTE, C. *La Pataria Milanese e la Riforma Ecclesiastica*. Vol. 1. Milão: Istituto Storico Italiano per il Medio Evo, 1955.

VIOLANTE, C. La Chiesa bresciana nel Medioevo. In: TRECCANI, G. (ed.). *Storia di Brescia*. Vol. 1. Bréscia: Morcelliana, 1963.

VIOLANTE, C. *Studi Sulla Cristianità Medioevale: società, istituzioni, spiritualità*. Milão: Vita e Pensiero, 1972.

VIOLANTE, C. *La Società Milanese nell'Età Precomunale.* Milão: Laterza, 1974.

VOLLRATH, H. Sutri 1046; Canossa 1077; Rome 1111: problems of communication and the perception of neighbors. In: NOBLE, T.F.X.; VAN ENGEN, J. (ed.). *European Transformations: the long twelfth century.* Notre Dame: University of Notre Dame Press, 2012, p. 132-170.

VV.AA. Uomo e spazio nell'alto Medioevo – Atti 50. *Settimana di Studio del Centro Italiano di studi sull'alto Medioevo – Spoleto, 4-8 aprile 2002.* Espoleto: Cisam, 2003.

WHITTON, D. The Annales Romani and Codex Vaticanus Latinus 1984. *Bullettino dell'Istituto Storico Italiano per il Medio Evo*, v. 84, 1972-1973, p. 125-143.

WHITTON, D. *Papal Policy in Rome, 1012-1024.* Tese de doutorado. Wolfson College, 1979.

WICKHAM, C. *Medieval Rome: stability and crisis of a city, 900-1150.* Oxford: Oxford University Press, 2015.

WIJNENDAELE, J. Silences et mensonges autour d'un concile – Le concile de Sutri (1046) en son temps. *Revue Belge de Philologie et d'Histoire Année*, v. 83(2), 2005, p. 315-353.

WOLFRAM, H. *Conrad II (990-1039): emperor of Three Kingdoms.* Pensilvânia: Pennsylvania State University Press, 2006.

ZAFARANA, Z. Sul "conventus" del clero romano nel maggio 1082. *Studi Medievali*, v. 7, n. 3, 1966, p. 399-403.

ZELIZER, V. The Social Meaning of Money: Special Monies. *The American Journal of Sociology*, v. 95, n. 2, 1989.

ZELIZER, V.A. *Economic lives.* Princeton: Princeton University Press, 2011.

ZELIZER, V.A. *The Social Meaning of Money*. Princeton: Princeton University Press, 2017.

ZEMA, D. The houses of Tuscany and of Pierleoni in the crisis of Rome in the Eleventh Century. *Traditio*, v. 2, 1944, p. 155-175.

ZIMMERMANN, H. *Papsturkunden 896-1046*. Vol. 2. Viena: Verlag, 1989.

# Leia também!

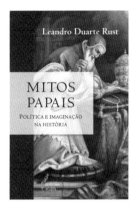

Conecte-se conosco:

facebook.com/editoravozes

@editoravozes

@editora_vozes

youtube.com/editoravozes

+55 24 2233-9033

www.vozes.com.br

Conheça nossas lojas:

www.livrariavozes.com.br

Belo Horizonte – Brasília – Campinas – Cuiabá – Curitiba
Fortaleza – Juiz de Fora – Petrópolis – Recife – São Paulo

**EDITORA VOZES LTDA.**
Rua Frei Luís, 100 – Centro – Cep 25689-900 – Petrópolis, RJ
Tel.: (24) 2233-9000 – E-mail: vendas@vozes.com.br